註釈・子どもの権利条約28条：教育についての権利

はじめに

　国際人権法政策研究所は、ゲント大学（ベルギー）人権センター研究員ミーク・ベルハイド氏の著書「註釈・子どもの権利条約28条：教育についての権利」を入手することができました。

　本書は、「子どもの権利条約」の条文ごとに逐条分析を行なう「国連・子どもの権利条約コンメンタール」シリーズの一環として刊行された貴重な著書です。ミーク・ベルハイド研究員により、28条が規定する「教育についての権利」について、国連の人権法の関連規定との比較が行なわれ、28条から生じる国の義務の性質や適用範囲が詳細に検討されています。

　ご存知のように「子どもの権利条約」は、1989年国連総会において全会一致で採択され、1990年9月2日に発効しました。日本は、1994年3月29日に国会が承認し、5月16日に条約を公布しています。

　それから13年が経過しました。条約は日本の社会や教育にどのような効果をもたらしたでしょうか。また政府は、条約28条が規定する「教育についての権利」実現の政策を積極的に具体化したでしょうか。たとえば、この条約の2条は、締約国が「その管轄内にある子ども」すべてに対して、国民的・民族的出身の如何にかかわらず、いかなる種類の差別もなしに、この条約に掲げる権利を尊重すべきことを定めています。日本政府は、2条・28条に従い在日外国人の子どもの教育上の差別をなくす努力をしているでしょうか。残念ながら「ノー」と言わざるをえません。

　私は、参議院議員として24年間、「子どもの権利条約」批准をはじめとする国際人権法諸政策の実現をめざし全力を傾注してきました。これまで行なってきた活動には、精神障害者の人権を擁護する医療と社会復帰を実現する法改正、子どものいじめと不登校の解消、国際自由権規約第一選択議定書の早期批准、部落差別を撤廃する基本法制定、「慰安婦」問題解決への議員立法提出、在日朝鮮人生徒の国立大学受験資格やJR通学定期の差別解消、災害被害者生活再建の公的支援等々があります。

　副議長を最後に引退後は、国際人権法に精通した学者や弁護士の有志と国

際人権法政策研究所を創設して活動を継続していますが、「子どもの権利条約」は、研究所の重要な研究テーマとして研究を進めてきました。

　今わが国では、「戦後レジームからの脱却」を掲げた安部前総理が、教育基本法を改定しました。政府は、教育に市場原理による競争主義を導入し、「平等」と「公平」の戦後民主教育を根本的に変えようとしています。親の学校選択を前提に、公立小中学校を競争させて、学校に優劣をつけ、公立学校の序列化を目論んでいます。それは「教育の階層化」につながっていくでしょう。

　この政府の教育改革は、「子どもの権利条約」28条が規定する「教育についての権利」や29条が規定する「教育の目的」に逆行し、「子どもの権利条約」締結国としての条約尊重義務に反するものと考えます。28条が求める公教育は、「民族、性別、経済状態にかかわらず、すべての子どもに対し平等に公平に質の高い教育の機会を与える」という理念であるからです。

　「子どもの権利条約」は、子どもを一人の人間として、かけがえのない価値と尊厳をもつ権利の主体として認めています。28条「子どもの権利としての教育」実現をめざして、ご奮闘いただいている教職員、保護者、地域住民の皆さんにとって必携書になると考えて出版した次第です。

　日本語への翻訳を快く引き受けてくださった平野裕二さんには、心からの感謝を申し上げます。最後に出版のお世話をいただいた現代人文社の成澤壽信さんにお礼申し上げます。

　　　　　　　　　　　　　　　　国際人権法政策研究所所長　本岡昭次

目次

はじめに 2

第1部　註釈・子どもの権利条約28条：教育についての権利

第1章　はじめに　12
第2章　関連の国際人権基準との比較　17
第3章　28条の適用範囲　22
　1　28条1項：機会の平等を基礎として教育を受ける権利および教育を選択する自由　22
　　1.1　教育を受ける権利　22
　　　1.1.1　教育の定義　22
　　　1.1.2　利用可能・アクセス可能な教育　26
　　　1.1.3　無償教育　31
　　　1.1.4　義務教育　35
　　　1.1.5　教育の内容　38
　　　1.1.6　教育の形態　42
　　　1.1.7　教育および職業に関する情報および指導　44
　　　1.1.8　登校および中途退学率　46
　　1.2　教育への平等なアクセスおよび教育における機会の平等についての権利　49
　　1.3　教育を選択する自由　60
　　1.4　締約国の義務の性質　64
　　1.5　権利の保有者——教育への子ども参加　72
　2　28条2項：人道的な規律運用制度に対する権利 …………………… 74
　3　28条3項：教育における国際協力 ………………………………………… 79

第2部　28条註釈活用のために

第1章　『註釈・子どもの権利条約28条：教育についての権利』の意義と解説　86
　1　28条註釈の意義 ……………………………………………………………… 86
　2　日本語版刊行のきっかけ…………………………………………………… 88
　3　28条註釈の解説 ……………………………………………………………… 90

(1)　子どもの権利条約における「教育についての権利」の特徴（5項）　91
　　(2)　関連する国際人権文書に対する優位性（6項）　92
　　(3)　28条の欠点（社会権規約との比較、7項）　93
　　　(i)　「初等教育段階」における欠点　93
　　　(ii)　行動計画に関する規定がない　93
　　　(iii)　「中等教育段階」における欠点　93
　　　(iv)　「高等教育段階」における欠点　94
　4　28条註釈の活用方法 …………………………………………………… 94

第2章　著者ミーク・ベルハイドの研究歴と業績　96
　1　著者略歴 ………………………………………………………………… 96
　2　著者経歴の詳細 ………………………………………………………… 97
　3　研究成果の背景 ………………………………………………………… 98
　4　多言語能力 ……………………………………………………………… 99
　5　学歴 ……………………………………………………………………… 100
　6　初めての論文出版 ……………………………………………………… 102
　7　職歴 ……………………………………………………………………… 102
　　(1)　職歴の第1期　102
　　(2)　職歴の第2期　103
　　(3)　職歴の第3期　105
　　(4)　EU諸国および欧州外の諸国での活躍　106
　8　研究業績 ………………………………………………………………… 106
　9　まとめ …………………………………………………………………… 107

第3部　事例研究

第1章　事例研究の解説　114
　1　「事例研究1：高等教育と学費問題」について ……………………… 114
　2　「事例研究2：外国籍の子どもと教育を受ける権利」について …… 116
　3　「高等教育と学費問題」と「外国籍の子どもと教育を受ける権利」 … 118

第2章　事例研究のテーマと子どもの教育を受ける権利　122
　1　高等教育の無償化と子どもの権利条約 ……………………………… 122
　2　外国籍の子どもの教育を受ける権利 ………………………………… 123
　　(1)　国際人権法上の「義務教育」は「compulsory」な教育　123
　　(2)　外国籍の子どもの教育を受ける権利　125

第3章　事例研究1：高等教育と学費問題　127
　1　はじめに ………………………………………………………………… 127

2　日本の高等教育（大学等）への国庫助成問題 …………………………………… 128
　　(1)　研究・運動の焦点　128
　　(2)　社会権規約違反の存否について　128
　　　　(i)　国際人権規約と「すべての者」の「高等教育」を受ける権利　129
　　　　(ii)　日本政府の批准状況・留保についての検討　129
　　　　(iii)　留保の理由について　131
　　　　(iv)　日本政府の論理に対する国際批判について　133
　3　国際人権規約の一般規定違反について …………………………………………… 136
　　(1)　社会権規約と「漸進的な達成」義務　136
　　　　(i)　社会権規約の一般規定　136
　　　　(ii)　義務違反の事実――学費の急進的高騰の事実　136
　　　　(iii)　社会権規約上の義務違反の法的評価　137
　　　　(iv)　国際的な国際人権法解釈の動向　138
　　(2)　差別禁止と法の下の平等の見地について　139
　　　　(i)　国際人権規約の規定　139
　　　　(ii)　義務違反の事実　140
　4　条約違反についての考察を要する諸問題について …………………………… 140
　　(1)　国立大学にも入学できない人々への人権侵害　141
　　(2)　国立大学の学生に対する人権侵害　141
　　(3)　私立大学の学生に対する人権侵害問題　141

第4章　事例研究2：外国人の子どもの「教育を受ける権利」　144

　1　はじめに …………………………………………………………………………………… 144
　2　社会権規約上の「教育についての権利」 …………………………………………… 145
　3　日本政府は「無償教育の漸進的な導入」を留保 …………………………………… 145
　4　社会権規約に違反する「日本政府第2回報告」 …………………………………… 146
　　(1)　「日本政府第2回報告」の内容　146
　　(2)　「日本政府第2回報告」の問題点　147
　5　外国人児童・生徒の「不就学」推計約12,000人 ………………………………… 148
　6　深刻な「不就学」――外国人集住都市会議の平均約26% ……………………… 148
　7　群馬県大泉町の就学実態調査で4.2%、26人の不就学 ………………………… 150
　8　文部科学省の「不就学外国人児童生徒支援事業」 ………………………………… 151
　9　兵庫県では「不就学」推計397人 …………………………………………………… 152
　10　権利でない就学の機会（文科省指導の「就学案内」） ……………………………… 153
　11　外国人には就学義務なしと「就学事務ハンドブック」 …………………………… 154
　12　「学校教育法の就学義務、外国人にはない」と文科大臣 ………………………… 156
　13　外国人児童・生徒にも就学義務を課している国々 ………………………………… 156
　14　義務教育の主体から外国人児童・生徒を排除することの誤り …………………… 157
　15　「教育を受ける権利」を明記した民主党の教育基本法対案 ……………………… 158
　　(1)　「子どもの教育への権利」を明示する画期的な民主党の対案　158

(2)　「子どもの権利条約」の「無償教育の漸進的な導入」　159
　　(3)　7条の「保護者」が「国民」に修正　160
　16　保障されていない外国人の子どもの「教育を受ける権利」……………………161
　17　国民の権利としての教育から社会構成員の権利としての教育へ……………162

第4部　資料

【資料1】子どもの権利委員会一般的意見1号（2001年）　166
【資料2】社会権規約委員会一般的意見11号（1999年）　175
【資料3】社会権規約委員会一般的意見13号（1999年）　177

あとがき　182

"A Commentary on the United Nations Convention on the Rights of the Child, Article 28: The Rights to Education " by Mieke Verheyde.
Copyright ©2006 by Koninklijke Brill NV, Leiden, The Netherlands.
Koninklijke Brill NV incorporates the imprints Brill Academic Publishers, Martinus Nijhoff Publishers and VSP.
Japanese tranlation rights arranged with Koninklijke Brill NV through Japan UNI Agency, Inc., Tokyo

●第1部.........

註釈・子どもの権利条約28条：
教育についての権利

略語表

CRC	児童（子ども）の権利に関する条約
CRC委員会	児童（子ども）の権利に関する委員会
EU	欧州連合
社会権規約	経済的、社会的及び文化的権利に関する国際規約
社会権規約委員会	国連・経済的、社会的及び文化的権利に関する委員会
自由権規約	市民的及び政治的権利に関する国際規約
女性差別撤廃条約	女子に対するあらゆる形態の差別の撤廃に関する国際条約
人種差別撤廃条約	あらゆる形態の人種差別の撤廃に関する国際条約
ユネスコ	国連教育科学文化機関

著者紹介

ミーク・ベルハイド（Mieke Verheyde）。ベルギー人。ゲント大学（ベルギー）人権センター研究員。国連・子どもの権利条約に関する学際的大学横断研究プロジェクトに参加するとともに、欧州人権裁判所および米最高裁判所による子どもの権利の保護に関する比較研究を行なう。過去には、ベルギー連邦雇用労働省大臣官房で、またベルギー連邦雇用労働省機会均等局員として、女性の権利の問題に関する研究に2年間従事した。ルーベン大学（ベルギー）で法学を専攻し、ステレンボッシュ大学（南アフリカ）で法学修士号を、パドバ大学（イタリア）で人権・民主化に関する欧州修士号を取得。

第28条の規定

第28条
1　締約国は、教育についての子どもの権利を認めるものとし、この権利を漸進的にかつ機会の平等を基礎として達成するため、特に、
(a)　初等教育を義務的なものとし、すべての者に対して無償のものとする。
(b)　種々の形態の中等教育（一般教育及び職業教育を含む。）の発展を奨励し、すべての子どもに対し、これらの中等教育が利用可能であり、かつ、これらを利用する機会が与えられるものとし、例えば、無償教育の導入、必要な場合における財政的援助の提供のような適当な措置をとる。
(c)　すべての適当な方法により、能力に応じ、すべての者に対して高等教育を利用する機会が与えられるものとする。
(d)　すべての子どもに対し、教育及び職業に関する情報及び指導が利用可能であり、かつ、これらを利用する機会が与えられるものとする。
(e)　定期的な登校及び中途退学率の減少を奨励するための措置をとる。
2　締約国は、学校の規律が子どもの人間の尊厳に適合する方法で及びこの条約に従って運用されることを確保するためのすべての適当な措置をとる。
3　締約国は、特に全世界における無知及び非識字の廃絶に寄与し並びに科学上及び技術上の知識並びに最新の教育方法の利用を容易にするため、教育に関する事項についての国際協力を促進し、及び奨励する。これに関しては、特に、開発途上国の必要を考慮する。
〔訳注／政府訳の「児童」は「子ども」とした。〕

Article 28
1. States Parties recognize the right of the child to education, and with a view to achieving this right progressively and on the basis of equal opportunity, they shall, in particular:
(a) Make primary education compulsory and available free to all;
(b) Encourage the development of different forms of secondary education, including general and vocational education, make them available and accessible to every child, and take appropriate measures such as the introduction of free education and offering financial assistance in case of need;
(c) Make higher education accessible to all on the basis of capacity by every appropriate means;
(d) Make educational and vocational information and guidance available and accessible to all children;
(e) Take measures to encourage regular attendance at schools and the reduction of drop-out rates.
2. States Parties shall take all appropriate measures to ensure that school discipline is administered in a manner consistent with the child's human dignity and in conformity with the present Convention.
3. States Parties shall promote and encourage international cooperation in matters relating to education, in particular with a view to contributing to the elimination of ignorance and illiteracy throughout the world and facilitating access to scientific and technical knowledge and modern teaching methods. In this regard, particular account shall be taken of the needs of developing countries.

第1章
はじめに[*]

1. 本書は、子どもの権利に関する条約[1]に掲げられた教育についての権利およびそれに対応する国の義務の内容を明らかにしようと試みるものである。28条が、教育に関するCRCの唯一の規定というわけではない。29条は、教育の目的(1項)と、教育機関を設置しおよび管理する個人および団体の自由(2項)について定めており、これも教育に関するCRCの中核的規定である。いずれの規定も相互に関連しており、あわせて解釈されなければならない。教育を受ける権利は、教育へのアクセスを保障するのみならず、教育の目的が達成されなければならないことも含意しているのである[2]。これらの中核的規定に掲げられた教育上の権利は、いくつかの方法で分類することができる。ひとつの可能な分類方法は、人権の3世代論の枠組みの中に教育上の権利を位置づけることである[3]。機会の平等を基礎として教育を受ける権利(28条1項)は第2世代の権利に属する(論者によって、社会的権利[4]か文化的権利[5]かに分かれる)。教育機関を設置する個人および団体の自由に関わる29条2項は、「市民的権利」のカテゴリーの例である。学校に

---

[*] 2004年9月。ダンカン・ウィルソン(Duncan Wilson)氏の有用なコメントに対して特段の謝意を表する。
[1] 以下「CRC」または「条約」。条約は1989年11月20日に採択され、1990年9月2日に発効した。2004年9月現在、条約は192カ国によって署名・批准されており、ほぼ普遍的なものとなっている(ソマリアと米国のみ、条約に署名して批准していない)。
[2] M. Mehedi, *The Realisation of Economic, Social and Cultural Rights. The Realisation of the Right to Education, including Education in Human Rights - The Content of the Right to Education* (UN Doc. E/CN/Sub.2/1999/10, 1999), para.40. Cf. also *infra* No.19.
[3] J. Delbrück, 'The Right to Education as an International Human Right', *German Yearbook of International Law* 35, 1992, p.104; M. Mehedi, *o.c.* (note 2), para.51; M. Nowak, 'The Right to Education', in: A. Eide, C. Krause, A. Rosas (eds.), *Economic, Social and Cultural Rights* (Dordrecht/Boston/London, Martinus Nijhoff Publishers, 2001), pp.252-255 and K. Tomaševsiki, *Right to Education Primer 3: Human rights obligations: making education available, accessible, acceptable and adaptable* (Lund, Raoul Wallenberg Institute, 2001), p.9参照。また、教育についての権利の「社会的側面」と「自由の側面」について取り上げているCoomansも参照: A. P. M. Coomans, *De internationale bescherming van het recht op onderwijs* (Leiden, Stichting NJCM Boekerij, 1992), pp.45-46 and F. Coomans, 'In search of the core content of the right to education', in: A. Chapman and S. Russell (eds.), *Core obligations: Building a Framework for Economic, Social and Cultural Rights* (Antwerp/Oxford/New York, Intersentia, 2002), p.220。

おける人道的な規律運用制度を保障する28条2項も、主として市民的権利としての性質を有している。教育分野での国際協力を促進する28条3項は、いわゆる「連帯の権利」として第3世代の人権に分類される[6]。CRCの教育上の権利を分類するうえでもうひとつ可能なのは、「教育に対する権利」「教育における権利」「教育を通じての権利」の3つの見出しのもとに位置づけることである[7]。教育に対する権利には、教育の実際的組織のあり方（28条1項）およびその内容面の組織のあり方（29条1項）に関する規定が含まれる。教育における権利は、CRCで確立されている保護の権利（28条2項を含む）と、子どもが有するいくつかの参加権である。いずれの権利も学校という場で尊重されなければならない。「教育を通じての権利」の概念は、人権教育という手段による、CRCおよびその他の人権基準の間接的実施を指している（29条1項(b)）。

　CRCのホリスティックな性質に鑑み、28条は29条だけではなくCRCの他のいくつかの条項ともあわせて解釈されなければならない。この点で、4条は教育上の権利の実施に関わる規定である。また、2条（一般非差別原則）、3条（子どもの最善の利益）、6条（生命・生存・発達についての権利）および12条（子どもの意見）——条約の一般原則に挙げられているもの——も、教育上の権利の実施にあたって考慮されなければならない[8]。緊密に関係する条約の他の条項としては、とくに次のものがある。参加に関する規定を

4 　*E.g.* J. Delbrück, 'The Right to Education as an International Human Right', *l.c.* (note 3), p.104; P. M. Coomans, *De internationale bescherming van het recht op onderwijs*, *o.c.* (note 3), p.53; F. Coomans, 'In search of the core content of the right to education', *l.c.* (note 3), p.220; and M. Mehedi, *o.c.* (note 2), para.52.
5 　*E.g.* A. Eide, 'Cultural Rights and Individual Human Rights', in: A. Eide, C. Krause, A. Rosas (eds.), *Economic, Social and Cultural Rights* (Dordrecht/Boston/London, Martinus Nijhoff Publishers, 2001), p.292 and M. Nowak, 'The Right to Education', *l.c.* (note 3), p.253.
6 　M. Mehedi, *o.c.* (note 2), paras.51 and 74; and M. Nowak, 'The Right to Education', *l.c.* (note 3), pp.254-255.
7 　K. Tomaševsiki, *Right to Education Primer 3: Human rights obligations: making education available, accessible, acceptable and adaptable*, *o.c.* (note 3), p.12; L. Cattrijsse, 'Children's Rights and Education: The Right TO, IN and THROUGH Education: three interrelated imperatives', in: E. Verhellen (ed.), *Understanding Children's Rights* 2000 - No.6 (Gent, Children's Rights Centre, 2001), pp.619-640 and E. Verhellen, *Convention of the Rights of the Child* (Leuven-Apeldoorn, Garant, 2000), pp.105-111.
8 　CRC委員会「条約44条1項(b)に基づいて締約国によって提出される定期報告書の形式および内容に関する一般指針」（UN Doc. CRC/C/58, 1996）、パラ106。

掲げた13～17条、とくに教員が行なうあらゆる形態の不当な取扱いから子どもを保護する19条1項、障害児に対して効果的な教育を保障する23条3項、健康教育に関する24条2項(e)、マイノリティまたは先住民族に属する子どもの権利について定めた30条、児童労働に関する32条、そして人権教育に関わる44条6項および43条〔訳注／42条〕である。

2．本書では、教育についての権利をいくつかの側面ごとに分析していくにあたり、28条の規定に従った構成をとっている。したがって、第3章（「28条の適用範囲」）の第1部では、機会の平等を基礎として教育を受ける権利を、また間接的に教育を選択する自由を保障している28条1項について取り上げる（8-45）。第2部では、人道的な規律運用制度への権利に関わる28条2項に焦点を当てる（46-50）。最後の部では、教育における国際協力に関する28条3項について検討する（51-53）。

3．28条の規定の解釈にあたっては、条約法に関するウィーン条約[9]に定められた解釈規則を活用しながら、補完的に国連・子どもの権利委員会[10]の見解およびこのテーマに関する関連の学説を参照した。

　最初に適用したのは、条約法に関するウィーン条約の解釈規則である。同条約31条では、条約は、「文脈によりかつその趣旨及び目的に照らして与えられる用語の通常の意味に従い」、解釈されるべきであるとされる。したがって、条約の他の規定および前文との関連で位置づけられた28条の文言を第一義的に考慮した。また、他の国際的・地域的人権条約における同旨の規定も考慮に入れている。このような形で他の条約の規定に依拠することは、CRC前文およびウィーン条約31条3項(c)によって正当化が可能である。CRC前文では、国際連合の基本的原則と、世界人権宣言（1948年）および2つの国際人権規約（1966年）といった関連の人権条約・宣言の具体的規定が想起されている。ウィーン条約31条3項(c)は、「〔文脈とともに、〕

---

[9]　条約法に関するウィーン条約（1969年5月23日採択・1980年1月27日発効）31～33条。同条約に掲げられた一般的な解釈規則は人権条約にも適用可能である：R. Bernhardt, 'Thoughts on the interpretation of human-rights treaties', in: F. Matscher and H. Petzold, *Protecting Human Rights: Studies in honour of Gérard J. Wiarda* (Köln, Heymanns, 1988), p.70参照。
[10]　以下「CRC委員会」。

当事国の間の関係において適用される国際法の関連規則〔を考慮する〕」と述べている。さらに、他の国連人権条約の解釈に依拠することは、国連条約システムそのもののなかでも促進されてきた[11]。国際条約の規定の解釈について地域的基準が関連性を有するかどうかについては、意見が分かれていることに言及しておかなければならない。これは地域的基準を不適切な形で普遍化することになると考える論者もいる[12]。他方、子どもの教育上の権利の保護・促進に関わる地域レベルの「優れた実践」により、国際的レベルにおける国の義務が再確認される場合もあることを認めていると思われる論者もいる[13]。本書では後者の立場をとった。また、条約法に関するウィーン条約32条に従い、CRC28条の適用範囲を確認するための補足的な解釈手段として、準備作業を参照した場合もある。

　第2に、CRC委員会および他の国連条約機関[14]の見解も参照した。とくにCRC委員会の一般的意見および総括所見は、CRC28条を解釈するにあたって高い地位を与えられる。いずれのタイプの決定も国際的拘束力を有するものではないが、いずれも——条約を監視する最も権威ある機関と見なしうる[15]——CRC委員会の全体としての見解を掲げたものとして、有権的解釈として取り扱われてきた[16]。一般的意見は、委員会が各国の報告書の審査を通じて蓄積してきた経験を要約したものであり、その名宛人はすべての締約国である。総括所見は国別のものにすぎず、したがって原則としては一般的意見ほど重視するべきではない。ただし、繰り返し表明された所見については、より一般的性質を有するものであり、将来の一般的意見の基盤となる可能性がきわめて高いことから、とくに言及してある。場合

11　この点に関して制約的な見方をとっている条約機関もあるが、国連総会、国連人権委員会および法的学説においては、人権基準の一貫した解釈が強力に唱道されている：I. Boerefijn, *The Reporting Procedure under the Covenant on Civil and Political Rights: Practice and Procedures of the Human Rights Committee* (Antwerpen-Groningen-Oxford, Intersentia-Hart, 1999), pp.162, 165, 167-168 and 296-297。
12　B. Abramson, 'Book Review: Sharon Detrick: *A Commentary on the United Nations Convention on the Rights of the Child*. Martinus Nijhoff: The Hague, Boston, London, 1999, 790p.', *The International Journal of Children's Rights* 9, 2001, No.1, p.65.
13　自由権規約の解釈について、M. Nowak, *U.N. Covenant on Civil and Political Rights - CCPR Commentary* (Kehl/Strasbourg/Arlington, N.P. Engel Publisher, 1993), p.XXIII, para.18参照。CRCの解釈について、M. Nowak, 'The Right to Education', *l.c.* (note 3), p.266参照。
14　とくに経済的、社会的および文化的権利に関する国連委員会。以下「社会権規約委員会」。
15　委員会は条約の起草者によって設置されたものである。CRC43条1項参照。

により、特定のトピックに関する一般的討議日の最後にCRC委員会が行なった勧告と、同委員会による報告ガイドラインも、解釈上のいくつかの問題を検討する際に考慮した。同じ目的で、他の国連条約機関の実行も活用している。28条は社会権規約の同旨の規定に沿って起草された部分が多いため、社会権規約委員会の見解にはとくに依拠した。

最後に、CRC28条の適用範囲を特定するにあたり、教育についての権利に関する特別報告者の見解をはじめとする関連の法的学説も参照している。

16 　一般的意見の道徳的権威は一部研究者によって強調されてきた。自由権規約委員会の一般的意見について、I. Boerefijn, *The Reporting Procedure under the Covenant on Civil and Political Rights: Practice and Procedures of the Human Rights Committee*, o.c. (note 11), pp.294 and 300; Y. Iwasawa, 'The domestic impact of international human rights standards: the Japanese experience', in: Ph. Alston and J. Crawford (eds.), *The Future of UN Human Rights Treaty Monitoring* (Cambridge, Cambridge University Press, 2000), pp.258-259 and M. Nowak, *U.N. Covenant on Civil and Political Rights - CCPR Commentary*, o.c. (note 13), p.XXIV, para.21 and p.576参照。総括所見の道徳的権威については、I. Boerefijn, 'The Human Rights Committee's Concluding Observations', in: M. Castermans-Holleman, F. Van Hoof and J. Smith (eds.), *The role of the nation-state in the 21st century, foreign policy, human rights, international organisations* (The Hague, Kluwer, 1998), pp.232 and 248; and *The Reporting Procedure under the Covenant on Civil and Political Rights: Practice and Procedures of the Human Rights Committee*, o.c. (note 11), pp.303-304参照。

第2章
関連の国際人権基準との比較

4. それ自体が人権のひとつであり、かつ他の人権を実現する不可欠な手段であるという教育の二重の側面[17]に鑑み、教育についての権利は、いくつかの国際的・地域的および一般的・具体的人権文書において豊かな形で保障されている[18]。

教育についての権利を認めている主な国際人権文書は、世界人権宣言（1948年）[19]26条、子どもの権利に関する宣言（1959年）の原則7、教育における差別を禁止する条約（1960年）[20]、社会権規約（1966年）[21]13～14条、ならびにCRC28条および29条である。

他の国際文書では、教育についての権利の特定の側面が扱われ、またはとりわけ弱い立場に置かれた集団の教育についての権利が保護されている。とくに、難民の地位に関する条約（1951年）[22]22条、人種差別撤廃条約（1965年）[23]5条(e)(v)、自由権規約（1966年）[24]18条4項、障害者の権利に関する宣言（1975年）[25]の原則6、女性差別撤廃条約（1979年）[26]10条、す

17　この問題についてはとくに、A. Chapman, Violations of the right to education (UN Doc. E/C.12/1998/19, 1998), para.1; F. Coomans, 'In search of the core content of the right to education', *l.c.* (note 3), pp.219-220; M. Mehedi, *o.c.* (note 2), paras.1-4; K. Tomaševsiki, *Annual Report of the Special Rapporteur on the Right to Education 2000/9* (UN Doc. E/CN.4/2001/52, 2001), paras.11-14 and 79; および社会権規約委員会「教育についての権利に関する一般的意見13号」(UN Doc. E/C.12/1999/10, 1999)、パラ1参照。

18　教育についての権利に関わる国際法の概観について、D. Hodgson, 'The international human right to education and education concerning human rights', *The International Journal of Children's Rights 4,* 1996, pp.239-251; and G. Van Bueren, *The International Law on the Rights of the Child* (The Hague, Martinus Nijhoff Publishers, 1998), pp.232-261参照。

19　世界人権宣言、1948年12月10日採択。
20　ユネスコ・教育における差別を禁止する条約、1960年12月14日採択・1962年5月22日発効。
21　経済的、社会的及び文化的権利に関する国際規約、1966年12月16日採択・1976年1月3日発効。以下「社会権規約」。
22　難民の地位に関する条約、1951年7月28日採択・1954年4月22日発効。
23　あらゆる形態の人種差別の撤廃に関する国際条約、1965年12月21日採択・1969年1月4日発効。以下「人種差別撤廃条約」。
24　市民的及び政治的権利に関する国際規約、1966年12月16日採択・1976年3月23日発効。以下「自由権規約」。
25　障害者の権利に関する宣言、1975年12月9日採択。

べての移住労働者およびその家族構成員の権利の保護に関する国際条約（1990年）[27]30条、国民的または民族的、宗教的および言語的マイノリティに属する者の権利に関する宣言（1992年）[28]4条3項などである。

地域レベルでは、教育についての権利を掲げた主な文書として次のものがある。人の権利および義務の米州宣言（1948年）[29]XII条、人権および基本的自由の保護のための欧州条約の第1議定書（1952年）[30]2条、人および人民の権利に関するアフリカ憲章（1981年）[31]17条、経済的、社会的および文化的権利の分野における米州人権条約のサンサルバドル追加議定書（1988年）[32]13条、子どもの権利および福祉に関するアフリカ憲章（1990年）[33]11条、アラブ人権憲章（1994年）[34]34条、欧州社会憲章（1996年）[35]17条、EU基本権憲章（2000年）[36]14条などである。特定の側面について扱っている地域文書としては、とくに、地域言語またはマイノリティ言語に関する欧州憲章（1998年）[37]8条、国民的マイノリティの保護のための枠組み条約（1998年）[38]14条などがある。

5．CRC28条は、上述の国際人権章典および主要な地域文書で保障されている教育上の権利のほとんどを反復している。同条の文言は、とくに社会権規約13条に沿ったものである。ただし、CRCは既存の国際法における

---

[26] 女子に対するあらゆる形態の差別の撤廃に関する国際条約、1979年12月18日採択・1981年9月3日発効。以下「女性差別撤廃条約」。
[27] すべての移住労働者およびその家族構成員の権利の保護に関する国際条約、1990年12月18日採択・2003年7月1日発効。
[28] 国民的または民族的、宗教的および言語的マイノリティに属する者の権利に関する宣言、1992年12月18日採択。
[29] 人の権利および義務の米州宣言、1948年5月2日採択。
[30] 人権および基本的自由の保護のための欧州条約（以下「欧州人権条約」）の第1議定書、1952年3月20日採択・1954年5月18日発効。
[31] 人および人民の権利に関するアフリカ憲章、1981年6月26日採択・1986年10月21日発効。
[32] 経済的、社会的および文化的権利の分野における米州人権条約のサンサルバドル追加議定書（サンサルバドル議定書）、1988年11月17日採択・1999年11月16日発効。
[33] 子どもの権利および福祉に関するアフリカ憲章、1990年7月11日採択・1999年11月29日発効。
[34] アラブ人権憲章、1994年9月15日採択。
[35] 改正欧州社会憲章、1996年5月3日採択・1999年7月1日発効。
[36] 欧州連合基本権憲章、2000年12月7日採択。
[37] 地域言語またはマイノリティ言語に関する欧州憲章（欧州評議会）、1992年11月5日採択・1998年3月1日発効。
[38] 国民的マイノリティの保護のための枠組み条約（欧州評議会）、1995年2月1日採択・1998年2月1日発効。

教育上の権利を引き写すだけにとどまらず、新たな側面を付け加えている。教育は、保護とエンパワーメントの両方につながるような、子ども中心の、子どもに優しいものでなければならないのである。保護という点では、教育は、学校における非人道的な規律運用制度や、子どもの教育を妨げる児童労働から子どもを保護するものであり、CRCには、とくに弱い立場に置かれた子どもの教育を確保する具体的な保護措置もいくつか掲げられている。エンパワーメントという点では、28条の規定において、子どもをいっそう解放すること、子どもの自己決定と責任を増大させること、そして教育において親が決定的役割ではなく導き手としての役割を果たすことが奨励されている。CRCはこのように、既存の国際法における教育上の権利規定を子どもの視点から再概念化したのである。28条の規定が、教育についての権利の保有者として「子ども」に言及しており、伝統的に認められてきた、子どもの教育について自己の宗教的・哲学的信念を尊重される親の権利に触れていないことは、この新たな側面をはっきりと証明している。

6．CRCは、既存の教育上の権利に新たな側面を導入したことに加え、教育についての権利に関する、拘束力を有する国際法上の規定の守備範囲を広げたものでもある。第1に、28条1項(d)は、すべての者に対し、教育および職業に関する情報および指導を利用可能・アクセス可能とする義務を締約国に課している。第2に、28条1項(e)は、締約国が定期的な登校および中途退学率の減少を奨励するための措置をとるよう求めている。第3に、28条2項は、学校の規律は子どもの人間の尊厳に適合する方法で、かつ子どもの国際法上の権利に一致する形で運用されなければならないという原則を明示的に掲げている。この規定は、拷問に相当し、または残虐な、非人道的なもしくは品位を傷つける規律措置を禁じたのみならず、これらの措置が子どもの尊厳および人権（参加権を含む）に従って運用されることを求めたという点で、さらなる価値を有するものである。第4に、28条1項、5条、14条2項および12条をあわせて読むことにより、子どもの教育が子ども自身の宗教的・道徳的信念に従って行なわれることを確保するのに役立つ諸決定に、子どもが参加することが保障されているという解釈が可能となる[39]。第5に、28条3項は、教育に関する事項についての国際協力を、国際

法上の拘束力を有する人権文書のなかでは最も包括的かつ明示的に求めたものである。

7．しかし、CRC28条には欠点もある。必ずしも、教育に関する国際法上の保護を最も強力な形で与えているわけではないという点である。社会権規約は、教育の3つの段階で、締約国に対していっそう強い義務を課している。

初等教育段階では、社会権規約13条2項(a)に基づき、無償の義務教育を直ちに確保する明確かつ無条件の義務が国にはある。28条1項(a)は、これを漸進的に実現するよう国に義務づけているにすぎない。さらに、社会権規約は14条で、締約国となるときに無償の初等義務教育を確保することができていない国に対し、すべての者に対する無償の義務教育の原則を、その計画中に定める合理的な期間内に漸進的に実施するための詳細な行動計画を、2年以内に作成しかつ採用することを約束するよう求めている。CRCでは、教育上の権利の実施の国際的監視を、ひいてはその実現を促進するであろう同様の行為義務は定められていない。

中等教育段階については、社会権規約13条2項(b)の文言には種々の形態の中等教育を「発展させる」義務が反映されている。これは、28条1項(b)上の、種々の形態の中等教育の「発展を奨励」する義務よりも強い。さらに、社会権規約13条2項(b)で用いられている「特に」の文言は、無償の中等教育の実現に向けた措置をとる明確な義務があることを明らかにするものである。他方、CRC28条1項(b)にいう「例えば」の概念は、すべての子どもが教育を利用できるようにする方法のひとつの例として、無償の中等教育の導入に言及しているにすぎない。CRCの締約国には、すべての子どもが中等教育を利用できるようにすることが他の手段によって可能であれば、中等教育を無償とする義務はないのである。

高等教育段階については、社会権規約13条2項(c)には無償教育を導入する義務が掲げられているのに対し、CRC28条1項(c)では、無償の高等教育を組織する義務も、その方向に向けて何らかの措置をとる義務も、国にはない。

39　G. Van Bueren, *The International Law on the Rights of the Child*, *o.c.* (note 18), p.243.

ただし、CRC28条におけるこれらの欠陥は、CRC41条に掲げられた救済条項によって埋め合わせることが可能な場合もある。同条では、国内法または適用可能な他の国際文書にこの条約よりも高い基準が掲げられている場合、高いほうの基準が適用されると定めている。

第3章
28条の適用範囲

1　28条1項：機会の平等を基礎として教育を受ける権利および教育を選択する自由

1.1　教育を受ける権利

8．教育を受ける権利は、国際人権法上の教育についての権利の中核である[40]。28条1項は、具体的各段階（初等・中等・高等）で、また段階に応じて無償かつ義務的な形で、すべての子どもに教育を保障するための教育制度を発展させかつ維持する積極的義務を締約国に課すことにより、この権利を保障している。

1.1.1　教育の定義

9．他の国際人権文書と同様、CRCは教育の定義を明確に定めてはいない。通常、国際法上の文書は「教育」の文言を二重の意味で用いている。ⓐ基本的スキルを提供するものとしての教育と、ⓑ若者の知的・霊的・情緒的潜在能力を発達させるもの、換言すれば人格のより幅広い発達としての教育である[41]。28条1項が両方の意味での教育に言及していることには疑いがない。基本的スキルは、一般的スキルと職業的・専門的スキルの両方の

40　M. Nowak, 'The Right to Education', *l.c.* (note 3), p.255.
41　J. Delbrück, 'The Right to Education as an International Human Right', *l.c.* (note 3), pp.94 and 99.
　国際人権法上の義務の文脈を離れれば、教育の概念により幅広い意味が持たされる場合もある。ユネスコは、「教育」の文言を、「個人および社会的集団が、国内的および国際的社会においてかつこれらの社会のために、各自の個人的な能力、態度、適性および知識の全体を発達させることを意識的に学ぶ、社会生活の全過程」を含意するものとして定義し、「この過程は、いずれかの特定の活動に限定されるものではない」としている（1974年11月19日にパリで採択された「国際理解、国際協力および国際平和のための教育ならびに人権および基本的自由についての教育に関する勧告」1条(a)）。

形で、締約国によって提供されるものとされる。CRC委員会が強調するのは、「基本的スキル」の概念には「読み書きおよび計算の能力だけではなくライフスキルも含まれる」という点である。ライフスキルとは、「十分にバランスのとれた決定を行ない、紛争を非暴力的に解決し、健全なライフスタイル、良好な社交関係および責任感を発達させる能力であり、批判的に考える方法であり、創造的な才能であり、かつ、人生の選択肢を追求するために必要な手段を子どもに与えるその他の能力など」のことである[42]。これらの側面は、「教育」の文言が有する2番目の、より幅広い側面を指している。CRC上の「教育」の概念をこのようにより広義に理解しなければならないことは、28条1項を、カリキュラム全体を通じて達成されなければならない教育の目的を詳細に掲げた29条1項とあわせて解釈することにより、確認される。したがって、28条1項にいう「教育」は、子どもの人格、才能ならびに精神的および身体的能力を発達させ、人権、基本的自由および平和の維持ならびに親、自国の国民的価値および他の文明の国民的価値の尊重を育成し、相互の寛容の精神のもとで自由な社会に参加する子どもの能力を発達させ、かつ、他の文明、文化、宗教、性および自然環境の尊重を育成する過程として理解されなければならない。

28条1項の規定は、28条1項が定型的教育と非定型的教育の両方に言及しているのか、それとも定型的教育だけに言及しているのかという問題についても、沈黙している。定型的教育とは、年齢順に序列化され、教育機関で行なわれる構造化された教育である。非定型的教育は、制度的に設けられた正規の学級制度外で組織される教育活動であり[43]、村落学校、コミュニティを基盤とする学校、青空学校などがある[44]。CRC委員会の見解では、28条1項は定型的・非定型的教育の双方に言及していると理解されている

42　CRC委員会「教育の目的に関する一般的意見1号」（UN Doc. CRC/GC/2001/1, 2001)、パラ9。同様の定義は、ジョムティエンで1990年に採択された「万人のための教育に関する世界宣言」1条（in: *World Education Forum, The Dakar Framework for Action, Education for All: Meeting our Collective Commitments* (Paris, UNESCO, 2000), p.75) およびダカール（セネガル）で2000年に採択された「ダカール行動枠組み」3条（in: *World Education Forum, The Dakar Framework for Action, Education for All: Meeting our Collective Commitments* (Paris, UNESCO, 2000), p.8)にも見られる。
43　L. Cattrijsse, 'Children's Rights and Education: The Right TO, IN and THROUGH Education: three interrelated imperatives', *l.c.* (note 3), p.226.
44　F. Coomans, 'In search of the core content of the right to education', *l.c.* (note 3), p.226.

ようである。委員会は、報告ガイドラインの中で、国内に非定型的教育システムが存在する場合にはそのことを示すように各国に求めている[45]。委員会は、締約国報告書に関する総括所見の中で、非定型的な体制を確立することやインフォーマルな教育プログラムを活用するよう、政府に対して勧告することが多い。働く子どもやストリート・チルドレンなどのように、子どもが普通学校に通学できない状態にあるときにはとくにその傾向が見られる[46]。さらに、非定型的教育計画の質が監視・保障されるようにすること、そのような計画に参加する働く子どもその他の子どもがメインストリーム教育に統合されるようにすることも、各国に対して勧告されているところである[47]。CRC委員会はこのように、定型的・非定型的教育システムを調和させるよう、締約国に奨励している[48]。「教育」の概念に非定型的教育が含まれることは、一部学説でも再確認されてきた[49]。他の学説はこのような見解に同意しない傾向があるが、28条1項における「教育」の概念が定型的・非定型的教育の双方に言及していると結論づけることは可能であろう[50]。したがって、CRCの締約国は、このような非定型的プログラムが学校に適用されるのと同一の学習水準を有することおよび教育における人権要件（機会の平等の原則など）を遵守することを確保しなければならない。

10. 28条1項にいう「教育」の概念は、期間の面でも定義されていない。教育の始期も終期も示されていないのである。したがって、教育が何歳の時点で開始されるべきかは依然として確定されていない。初等教育前の教育

---

[45] CRC委員会「条約44条1項(b)に基づいて締約国によって提出される定期報告書の形式および内容に関する一般指針」(UN Doc. CRC/C/58, 1996)、パラ106。
[46] たとえば次の国に対するCRC委員会の総括所見を参照：アゼルバイジャン (UN Doc. CRC/C/66, 1997)、パラ306；モザンビーク (UN Doc. CRC/C/114, 2002)、パラ306；エルサルバドル (UN Doc. CRC/C/15/Add.232, 2004)、パラ58；および日本 (UN Doc. CRC/C/15/Add.231, 2004)、パラ50。
[47] たとえばインドに対するCRC委員会の総括所見 (UN Doc. CRC/C/94, 2000)、パラ90を参照。
[48] たとえば次の国に対するCRC委員会の総括所見を参照：ガボン (UN Doc. CRC/C/114, 2002)、パラ230；ナイジェリア (UN Doc. CRC/C/50, 1996)、パラ91；ブルキナファソ (UN Doc. CRC/C/121, 2002)、パラ478；マダガスカル (UN Doc. CRC/C/133, 2004)、パラ309。
[49] M. Nowak, 'The right to education - Its meaning, significance and limitations', *Netherlands Quarterly of Human Rights 4*, 1991, p.423.
[50] バン・ボーレンは、機会の平等を基礎として教育制度を確立し、かつそれをすべての者に対してアクセス可能とする国際法上の義務は、伝統的に、施設で行なわれる、より定型的なまたは専門的なタイプの教育に限定されるとの見解をとっている(G. Van Bueren, *The International Law on the Rights of the Child*, o.c. (note 18), p.233)。

を組織する義務が国にあるのかどうかも不明確である。条約起草時、就学前の年齢層の子どもに全般的ケアを保障するという提案は採用されなかった[51]。初等教育前の教育についての権利は、拘束力を有する他の国際的・地域的人権文書でも、多くの場合に定められていない[52]。そこで、そのような義務は存在しないと結論づける学説もある[53]。しかし、就学前教育も含まれるとするのがCRC委員会の実行の傾向である。委員会は実際、報告ガイドラインの中で、「幼い子ども……に対して早期発達教育サービスを提供するためのシステム、または国による大規模なとりくみ」について報告するよう、各国に求めている[54]。報告審査の中でも、就学前施設網があることを祝福された[55]国や、(国営) 就学前施設の設置または拡大[56]、乳幼児期教育の重要性についての意識啓発[57]、就学前段階での通園・通所率の向上[58]、乳幼児期の発達に振り向けられる資源の増加[59]を奨励された国がある。委員会はさらに、「乳幼児期における子どもの権利の実施」に関する一般的討議を

---

[51] *Travaux Préparatoires* (UN Docs. E/CN.4/1989/WG.1/CRP.1, 1989, p.33; E/CN.4/1989/48, 1989, para.458). 初等教育前の教育を含めることに反対する日本の発言 (UN Doc. E/CN.4/1989/48, 1989, para.722) も参照。

[52] 他方、拘束力を有しない基準のなかには、乳幼児期教育の導入および向上を唱道するものもある。たとえばジョムティエンで1990年に採択された「万人のための教育に関する世界宣言」5条 (*o.c.* (note42), p.76) およびダカール (セネガル) で2000年に採択された「ダカール行動枠組み」7条(i) (*o.c.* (note42), p.8) 参照。乳幼児期教育において政府が重要な役割を果たすよう求める力強い要請は、K. Annan, *We the Children, Meeting the promises of the World Summit for Children* (New York, UNICEF, 2001), pp.63-65 and p.71にも見られる。

[53] G. Van Bueren, *The International Law on the Rights of the Child, o.c.* (note 18), p.234 and K. Tomaševski, Education Denied (London/New York, Zed Books, 2003), p.53.

[54] CRC委員会「条約44条1項(b)に基づいて締約国によって提出される定期報告書の形式および内容に関する一般指針」(UN Doc. CRC/C/58, 1996)、パラ106。

[55] たとえばポルトガルに対するCRC委員会の総括所見 (UN Doc. CRC/C/46, 1995)、パラ149参照。

[56] たとえば次の国に対するCRC委員会の総括所見を参照：スリランカ (UN Doc. CRC/C/43, 1995)、パラ154および173；タジキスタン (UN Doc. CRC/C/100, 2000)、パラ310；モーリタニア (UN Doc. CRC/C/111, 2001)、パラ73；トルコ (UN Doc. CRC/C/108, 2001)、パラ136；レソト (UN Doc. CRC/C/103, 2001)、パラ361-362；グルジア (UN Doc. CRC/C/97, 2000)、パラ128-129；キルギス (UN Doc. CRC/C/97, 2000)、パラ318-319；セントビンセントグレナディーン (UN Doc. CRC/C/118, 2002)、パラ454；ポルトガル (UN Doc. CRC/C/111, 2001)、パラ246-247；スウェーデン (UN Doc. CRC/C/84, 1999)、パラ147；インド (UN Doc. CRC/C/15/Add.228, 2004)、パラ65；インドネシア (UN Doc. CRC/C/15/Add.223, 2004)、パラ63；エルサルバドル (UN Doc. CRC/C/15/Add.232, 2004)、パラ58。

[57] たとえば次の国に対するCRC委員会の総括所見を参照：タジキスタン (UN Doc. CRC/C/100, 2000)、パラ310；ニジェール (UN Doc. CRC/C/118, 2002)、パラ184；チュニジア (UN Doc. CRC/C/118, 2002)、パラ296；インド (UN Doc. CRC/C/15/Add.228, 2004)、パラ65。

[58] たとえば次の国に対するCRC委員会の総括所見を参照：ウクライナ (UN Doc. CRC/C/121, 2002)、パラ354；マダガスカル (UN Doc. CRC/C/133, 2004)、パラ309。

[59] たとえばリビアに対するCRC委員会の総括所見 (UN Doc. CRC/C/132, 2003)、パラ385参照。

受けて、乳幼児期教育を基礎教育／初等教育の不可欠な一部として組み込むことを検討するよう勧告した[60]。

　条約はさらに、初等・中等・高等教育の期間についても同じように沈黙しており、委員会の実行にも年齢面での定義を見出すことはできない。したがって、この点は締約国の裁量に委ねられている。義務教育——実行上は初等教育および中等教育の一部を対象とすることが多い——の期間に関してのみ、CRC委員会は若干の示唆を行なってきた。委員会は、政府は義務教育の修了に関する年齢の下限および上限を定めるべきであると述べ[61]、また義務教育の終期は就業が認められるための最低年齢に一致するべきであるとしている[62]。この点については17で詳しく述べる。

1.1.2　利用可能・アクセス可能な教育[63]

11．28条1項は、各国に対し、初等・中等・高等教育の各レベルで教育を「利用可能」にし、かつ「アクセスできる」(利用する機会が与えられる)ようにすることによって、教育についての権利を達成するよう義務づけている。ただし、28条の規定を見ると、両方の文言が明示的に挙げられているのは中等教育と関連する規定のみであることがわかる。初等教育については利用可

60　CRC Committee, *Day of General Discussion on Implementing child rights in early childhood* (UN Doc. CRC/C/143, 2005), para.553. またUN Doc. CRC/C/137, 2004, paras.8-9も参照。
61　たとえばコンゴに対するCRC委員会の総括所見(UN Doc. CRC/C/108, 2001)、パラ210参照。
62　たとえば次の国に対するCRC委員会の総括所見を参照：ニカラグア(UN Doc. CRC/C/43, 1995)、パラ65；ウクライナ(UN Doc. CRC/C/46, 1995)、パラ54および63；チュニジア(UN Doc. CRC/C/43, 1995)、パラ125；セネガル(UN Doc. CRC/C/46, 1995)、パラ125および139；韓国(UN Doc. CRC/C/50, 1996)、パラ166および171；ニジェール(UN Doc. CRC/C/118, 2002)、パラ148-149。
63　これは、教育を受ける権利の内容についての分析で社会権規約委員会が打ち出した「4つのA」体系を構成する2つの要素('availability' and 'accessibility')である。残りの2つの要素である「受入れ可能性」(acceptability)と「適合可能性」(adaptability)については、本書の19、34、35〜および46〜でさらに詳しく論ずる。「4つのA」体系については、社会権規約委員会「教育についての権利に関する一般的意見13号」(UN Doc. E/C.12/1999/10, 1999)、パラ6のほか、教育についての権利に関する特別報告者の以下の見解を参照：K. Tomaševsiki, *Preliminary report of the Special Rapporteur on the right to education* (UN Doc. E/CN.4/1999/49, 1998), Chapter II, paras.51-74; K. Tomaševsiki, *Progress Report of the Special Rapporteur on the Right to Education 1999/25* (UN Doc. E/CN.4/2000/6, 2000), paras.32-65; K. Tomaševsiki, *Annual Report of the Special Rapporteur on the Right to Education 2001/29* (UN Doc. E/CN.4/2002/60, 2002), table on p.13; K. Tomaševsiki, *Right to Education Primer 3: Human rights obligations: making education available, accessible, acceptable and adaptable, o.c.* (note 3), p.14; and K. Tomaševsiki, *Education Denied, o.c.* (note 53), pp.51-52。

能性の側面にしか触れられていないし、高等教育についてはアクセス可能性の側面しか言及されていない。それでも、利用可能性の側面とアクセス可能性の側面の両方があらゆる段階の教育について妥当であることは、受け入れることができる。両者は相互に関連しているからである。教育をアクセス可能にすることは、そもそも、教育が利用可能とされなければならないことを含意するし、教育を利用可能にしても、アクセスできないのであれば意味がなかろう。ただし、後述するように、アクセス可能性の程度は教育段階によって異なる場合がある。

12. まず、CRCの締約国は教育を利用可能にしなければならない。これは、良質な教育制度が設置・維持されることを確保するために財政的および技術的措置をとる義務を表したものである。教育制度が適正に機能するようにするために国がどのような便益を整えなければならないかは、とくにその国における発展の文脈によって左右される。したがって、教育を利用可能にする義務が厳密にどの時点で充足されたかという問題に対しては、個別事案ごとにしか答えを出すことができない[64]。発展の状況にかかわらず、すべての国で欠かすことのできない便益もある。建物、男女双方のための衛生設備および安全な飲料水を含む適切なインフラストラクチャーや、実務上・教育上の諸設備がこれに当てはまる[65]。CRC委員会は、開発途上国の報告書を検討する際、この点についてしばしば懸念を表明してきた[66]。能力のある教員も、すべての国で十分に確保されなければならない。教育についての権利に関する特別報告者は、教員は教育するための教育・訓練を受けていなければならず、また教育のために用いる言語について完璧な知識を持っていなければならないと指摘している[67]。この懸念はCRC委員会も共有する

---

[64] 社会権規約委員会「教育についての権利に関する一般的意見13号」(UN Doc. E/C.12/1999/10, 1999)、パラ6。
[65] Ibid., パラ6。
[66] たとえば次の国に対するCRC委員会の総括所見を参照：インド (UN Doc. CRC/C/94, 2000)、パラ88；ガンビア(UN Doc. CRC/C/111, 2001)、パラ452；コンゴ民主共和国(UN Doc. CRC/C/108, 2001)、パラ210；ジャマイカ (UN Doc. CRC/C/38, 1995)、パラ153；パラグアイ (UN Doc. CRC/C/111, 2001)、パラ512–513。
[67] K. Tomaševsiki, *Right to Education Primer 3: Human rights obligations: making education available, accessible, acceptable and adaptable, o.c.* (note 3), p.24.

ところであり、委員会は総括所見の中で教員の訓練をしばしば勧告する[68]とともに、教員が地域の言語を話せることの重要性も指摘している[69]。女性教員の養成・採用数を増やすことも勧告されているところである[70]。教育の最低限の質を確保するためにはこれらのすべての要因（教員の努力・質、教材の利用可能性・質など）が決定的であり、すべての国で、その経済状態にかかわらず達成・維持されなければならない。図書室、コンピューター・サービス、情報テクノロジーといったその他の便益は、現実的には先進国においてのみ用意できることになろう[71]。そのためCRC委員会の勧告の内容も、国の発展の文脈に応じて明確に異なっている。学校の電算化をいっそう進めるよう奨励される国がある一方で、委員会は、他の国々への勧告の中ではこのような高価な便益については沈黙しているのである[72]。

　利用可能性に関わる義務は、いくつかのモデルを用いることによって充足することができる。第1に、政府は公立学校網を確立してもよい。第2に、国以外の主体が運営する機関に資金を拠出することもできる。第3に、政府は公立学校と（公的資金を得る）私立学校を混在させてもよい。ほとんどの国は最後のモデルを採用している[73]。政府が第2・第3のモデルのいずれかを選ぶのであれば、たとえば立法措置、国による監督および補助金の支出などの手段により、無償かつ義務的な初等教育、教育への平等なアクセスといったすべての側面で、教育についての権利の享受を保護する義務を負う[74]。

68　たとえば次の国に対するCRC委員会の総括所見を参照：ナミビア（UN Doc. CRC/C/24, 1994）、パラ62；ホンジュラス（UN Doc. CRC/C/34, 1994）、パラ57；ギニアビサウ（UN Doc. CRC/C/118, 2002）、パラ75；ニジェール（UN Doc. CRC/C/118, 2002）、パラ184。
69　たとえば次の国に対するCRC委員会の総括所見を参照：ギリシア（UN Doc. CRC/C/114, 2002）、パラ159；スーダン（UN Doc. CRC/C/121, 2002）、パラ275。
70　たとえば次の国に対するCRC委員会の総括所見を参照：モザンビーク（UN Doc. CRC/C/114, 2002）、パラ306；ブルキナファソ（UN Doc. CRC/C/121, 2002）、パラ478；ニュージーランド（UN Doc. CRC/C/133, 2004）、パラ309。
71　社会権規約委員会「教育についての権利に関する一般的意見13号」（UN Doc. E/C.12/1999/10, 1999）、パラ6。
72　たとえば次の国に対するCRC委員会の総括所見を参照：セントビンセントグレナディーン（UN Doc. CRC/C/118, 2002）、パラ454；ポルトガル（UN Doc. CRC/C/111, 2001）、パラ247。
73　K. Tomaševsiki, *Right to Education Primer 3: Human rights obligations: making education available, accessible, acceptable and adaptable*, o.c. (note 3), pp.13 and 19-20.
74　M. Nowak, 'The Right to Education', *l.c.* (note 3), pp.257-258.

13. 次に、国は教育に対するアクセスを保障しなければならない。社会権規約委員会によれば、アクセス可能性には相互に重なり合う3つの側面がある[75]。

第1に、教育機関・プログラムに対しては、いかなる禁止事由に基づく差別もなく、すべての子どもがアクセスできなければならない。社会で最も脆弱な立場に置かれた集団に、特別な注意を払う必要がある[76]。初等・中等教育段階では、「すべての者」および「すべての児童」という28条1項の文言により、教育機関および諸形態の教育の一般的アクセス可能性が確認されている。これらの段階では、子どもが有するとされる能力（capacity or ability）に基づく区別が行なわれてはならない。反対に、高等教育においては、国は、高等教育へのアクセスを学生の能力次第とすることもできる。「能力」（capacity）とは、教育内容を身につける力として理解することができよう[77]。「能力」の確認は、必要な修了証書の提出および（または）入学試験の受験によって行なわれるのが通例である。ただし社会権規約委員会は、個人の能力はその者が有するあらゆる関連の専門性および経験を踏まえて評価されるべきであると指摘している[78]。このように、試験における成功にだけ焦点を当てるのではなく、より実際的な能力も顧慮しなければならない[79]。「能力」はある意味で教育可能なスキルから構成されるのであり、子どもが人生で手にする機会に大いに依拠するものであることから、CRC委員会は高等教育における機会の平等の重要性を強調している。これは委員会が詳細な形で明らかにしている報告上の要請に反映されており、そこでは、高等教育進学率を年齢、ジェンダーならびに国民的・社会的・民族的出身別に示すことが締約国に対して求められている[80]。ホジキンとニューウェルによれば、この報告上の要請は、貧しい子どもが高等教育課程への入学試験を受け、

---

[75] 社会権規約委員会「教育についての権利に関する一般的意見13号」（UN Doc. E/C.12/1999/10, 1999）、パラ6。
[76] 後掲34参照。
[77] 世界人権宣言26条にいう「能力」（merit）についてのArājarviの指摘を参照：P. Arājarvi, 'Article 26', in G. Alfredsson and A. Eide (eds.), *The Universal Declaration of Human Rights: A Common Standard of Achievement* (The Hague, Martinus Nijhoff Publishers, 1999), p.555。
[78] 社会権規約委員会「教育についての権利に関する一般的意見13号」（UN Doc. E/C.12/1999/10, 1999）、パラ19。
[79] R. Hodgkin and P. Newell, *Implementation Handbook for the Convention on the Rights of the Child* (New York/Genève, UNICEF, 2002), p.420。

合格した場合には奨学金を得られるようにする財政援助など、支援のための措置を導入する最低限の義務が締約国にはあることを明らかにするものである[81]。入学許可の面で——子どもの能力を理由とするもの以外に——異なる取扱いをすることが28条1項で認められるかについては、依然としてはっきりしていない。28条1項の文言はこの意味では十分に明確でないし、CRC委員会の実行も同様である。したがって、願書の提出期限に間に合わなかった、過去に当該生徒に不品行があったなどのその他の入学拒否事由に関しては、教育へのアクセスをどのように規制するかは締約国の裁量に委ねられていると考えられる。

　第2に、アクセス可能性の概念は教育の物理的アクセス可能性とも関わるものである。教育は、合理的かつ安全な距離内で提供されなければならない。子どもは、合理的利便性があるいずれかの場所（たとえば近所の学校）で教育を受けるか、現代的テクノロジー（たとえば遠隔学習プログラム）を通じて教育にアクセスすることができるべきである[82]。CRC委員会は、農村部の子どもが教育にアクセスできることを確保するよう、各国にしばしば勧告している[83]。そのためには、交通手段の促進、隔絶地域における新たな学校の建設など、特別な措置が必要である[84]。

　第3に、経済的アクセス可能性もある。すなわち、教育はすべての者にとって負担可能なものでなければならない。これは、教育へのアクセスを無償とすること、奨学金制度を導入することなどの積極的義務を含意するものである[85]。ただし、このような義務の内容は教育段階によって異なる。以下で

80　CRC委員会「条約44条1項(b)に基づいて締約国によって提出される定期報告書の形式および内容に関する一般指針」（UN Doc. CRC/C/58, 1996）、パラ107。
81　R. Hodgkin and P. Newell, *o.c.* (note 79), p.420.
82　社会権規約委員会「教育についての権利に関する一般的意見13号」（UN Doc. E/C.12/1999/10, 1999）、パラ6。
83　たとえば次の国に対するCRC委員会の総括所見を参照：ヨルダン（UN Doc. CRC/C/29, 1994）、パラ131；コロンビア（UN Doc. CRC/C/38, 1995）、パラ96；イエメン（UN Doc. CRC/C/50, 1996）、パラ63・71；レソト（UN Doc. CRC/C/103, 2001）、パラ361-362；グルジア（UN Doc. CRC/C/97, 2000）、パラ128；シエラレオネ（UN Doc. CRC/C/94, 2000）、パラ180-181；メキシコ（UN Doc. CRC/C/90, 1990）、パラ187；ポーランド（UN Doc. CRC/C/121, 2002）、パラ538。
84　たとえば次の国に対するCRC委員会の総括所見を参照：コンゴ民主共和国（UN Doc. CRC/C/108, 2001）、パラ210；モザンビーク（UN Doc. CRC/C/114, 2002）、パラ306。
85　社会権規約委員会「教育についての権利に関する一般的意見13号」（UN Doc. E/C.12/1999/10, 1999）、パラ6。

明らかになるように、28条1項は初等教育を無償とするよう求めているが、中等・高等教育については費用を課すことを黙示的に支持しているというのが原則的理解である。しかし初等教育後の教育について費用を課すことには、教育が多くの子どもにとって負担不可能な、したがってアクセス不可能なものになるという不幸な副作用がある[86]。したがって、中等・高等教育へのアクセス可能性を漸進的に実現する義務を遵守するためには、ほとんどの場合、国は費用を課すことを控え、それどころか何らかの財政支援を行なわなければならないことになろう。

1.1.3　無償教育

14. 初等教育段階では、CRCは教育を「無償」とするよう求めている。この義務は、初等教育に関する伝統的な人権法に沿ったものである[87]。にもかかわらず、初等教育の無償教育としての側面は条約の起草過程で争点となった。いくつかの締約国〔訳注／国〕が、この権利の保護を社会権規約で保障されている水準まで引き下げようと試みたのである。無償の初等教育を「状況が許すかぎりにおいて早期に」[88]、「利用可能な国の資源が許すかぎりにおいて早期に」[89]または「可能なかぎり早期に」[90]整備する義務しか課さないという提案が行なわれた。しかしこれらの制限条項は、他国の抗議のおかげで削除された[91]。したがって、CRCの締約国は、初等教育を無償のものとするために即時的措置をとらなければならない。このような措置

---

[86] K. Tomaševsiki, *Right to Education Primer 3: Human rights obligations: making education available, accessible, acceptable and adaptable*, o.c. (note 3), p.14.
[87] 世界人権宣言26条1項、社会権規約13条2項(a)および14条、経済的、社会的および文化的権利の分野における米州人権条約のサンサルバドル議定書13条3項(a)、ならびに子どもの権利および福祉に関するアフリカ憲章11条3項(a)も参照。
[88] *Travaux Préparatoires* (UN Doc. E/CN.4/1985/64, 1985), para.58; reproduced in S. Detrick (ed.), *The United Nations Convention on the Rights of the Child: A Guide to the "Travaux Préparatoires"* (Dordrecht, Boston, London, Martinus Nijhoff Publishers, 1992), p.384.
[89] *Travaux Préparatoires* (UN Doc. E/CN.4/1985/64, 1985), para.63; reproduced in S. Detrick (ed.), *The United Nations Convention on the Rights of the Child: A Guide to the "Travaux Préparatoires"*, o.c. (note 88), p.385.
[90] *Travaux Préparatoires* (UN Doc. E/CN.4/1985/64, 1985), para.66; reproduced in S. Detrick (ed.), *The United Nations Convention on the Rights of the Child: A Guide to the "Travaux Préparatoires"*, o.c. (note 88), p.385 and *Travaux Préparatoires* (E/CN.4/1988/WG.1/WP.1/Rev.1.)

は「すべての者」に対して、すなわち低所得層の子どもその他のカテゴリーの子どもだけではなく、すべての子どもを対象としてとられるべきものである[92]。社会権規約委員会は、一般的意見11号において、無償教育とは、教育へのアクセスは無償でなければならず、したがって政府は登録費用を課すべきではないということだけを意味するものではないことを、明らかにしている。親からの強制的徴収（実際には任意ではないのに任意であるかのように説明されることもある）や、相対的に高価な制服の着用義務のようなその他の直接的・間接的費用も、撤廃されなければならないのである[93]。クーマンズは、このリストに、教科書・用具の費用、補習費、食事・給食費、通学交通費および医療費を付け加えている[94]。CRC委員会は初等教育における無償教育の側面を決定的に重要なものと考えており、したがって各国にこの義務を充足するよう強く勧告しているところである[95]。CRC委員会は、社会権規約委員会の見解に従い、「無償」の概念は無償のアクセスの原則以上のものであると捉えている。締約国報告書に関する総括所見の中で、CRC委員会は、無償の初等教育を提供する義務には、少なくとも貧困家庭の子どもに対して制服・教科書購入費用を援助する義務も含まれると指摘している[96]。ここで、国際人権法においては、親およびより広範なコミュニティが教育一般の費用負担を免除されているわけではないことに触れておく価値はあろう。親およびコミュニティは、一般課税を通じて子どもの教育の資

91　*Travaux Préparatoires* (UN Docs. E/CN.4/1985/64, 1985, paras.60 and 67; E/CN.4/1989/48, 1989, paras.461-462); reproduced in S. Detrick (ed.), *The United Nations Convention on the Rights of the Child: A Guide to the "Travaux Préparatoires"*, o.c. (note 88), pp.384-385 and p.392.
92　同号に対しては3カ国（サモア、シンガポールおよびスワジランド）が留保を付している。R. Hodgkin and P. Newell, *o.c.* (note 79), p.416参照。
93　社会権規約委員会「初等教育のための行動計画に関する一般的意見11号」(UN Doc. E/C.12/1999/4, 1999)、パラ7。
94　F. Coomans, 'In search of the core content of the right to education', *l.c.* (note 3), p.228.
95　たとえば次の国に対するCRC委員会の総括所見を参照：セネガル（UN Doc. CRC/C/46, 1995）、パラ128・142；レバノン（UN Doc. CRC/C/54, 1996）、パラ56；ジンバブエ（UN Doc. CRC/C/54, 1996）、パラ89；ケニア（UN Doc. CRC/C/111, 2001）、パラ135；カメルーン（UN Doc. CRC/C/111, 2001）、パラ379-380；コートジボアール（UN Doc. CRC/C/108, 2001）、パラ337-338；ガンビア（UN Doc. CRC/C/111, 2001）、パラ452-453；南アフリカ（UN Doc. CRC/C/94, 2000）、パラ447。
96　たとえば次の国に対するCRC委員会の総括所見を参照：シエラレオネ（UN Doc. CRC/C/94, 2000）、パラ180-181；中央アフリカ共和国（UN Doc. CRC/C/100, 2000）、パラ468；カメルーン（UN Doc. CRC/C/111, 2001）、パラ380；ギニアビサウ（UN Doc. CRC/C/118, 2002）、パラ75；モザンビーク（UN Doc. CRC/C/114, 2002）、パラ306。

金を負担する場合がある。その後、資源配分において初等教育を優先するのは国の義務である[97]。

すでに指摘したように(前掲7参照)、無償教育を確保する28条1項(a)上の義務は、社会権規約13条2項(a)上の義務ほど強力ではない。第1に、CRCの締約国は、この義務を即時的にではなく漸進的に充足すればよいことになっている。第2に、CRCの締約国には、社会権規約14条で求められているような、無償の初等教育についての権利を漸進的に実施するための国家的行動計画を起草する行為義務がない。しかしCRC委員会は、このような「行動計画」の作成または「詳細な研究」の実施を多くの機会に勧告している[98]。

15. 中等教育段階では、国は「例えば、**無償**教育の導入、必要な場合における**財政的援助**の提供のような適当な措置」をとることにより、種々の形態の中等教育を発展させる義務を充足しなければならない。このように、無償の中等教育の導入については、初等教育段階よりもはるかに慎重な文言が用いられている。この慎重な文言は中等教育に関する現行の基準に沿っており[99]、無償中等教育の実現は現段階では多くの国々の手に届かないという認識を反映したものである[100]。しかしCRCの起草者らは、社会権規約よりも弱い保護しか提供しない文言を採用した(前掲7参照)。実際、「例えば」という文言は、社会権規約13条2項(b)における「特に」という表現よりも保護の水準が低い[101]。社会権規約の締約国は初等教育の無償化を優先

---

[97] K. Tomaševsiki, *Preliminary report of the Special Rapporteur on the right to education* (UN Doc. E/CN.4/1999/49, 1998), para.35; K. Tomaševsiki, *Progress Report of the Special Rapporteur on the Right to Education 1999/25* (UN Doc. E/CN.4/2000/6, 2000), paras.49-50; and K. Tomaševsiki, *Right to Education Primer 2: Free and compulsory education for all children: the gap between promise and performance* (Lund, Raoul Wallenberg Institute, 2001), p.20.
[98] たとえば次の国に対するCRC委員会の総括所見を参照:バヌアツ(UN Doc. CRC/C/15/Add.111, 1999)、パラ21;モーリシャス(UN Doc. CRC/C/15/Add.64, 1996)、パラ29。
[99] 無償中等教育の導入については、他の人権文書においても慎重な文言が用いられている。世界人権宣言26条(教育は、「少なくとも」初等のおよび基礎的な段階においては無償とされなければならない)や、社会権規約13条2項(b)および経済的、社会的および文化的権利の分野における米州人権条約のサンサルバドル議定書13条3項(b)(中等教育は、すべての適当な方法により、「特に」無償教育の漸進的な導入により、すべての者にとって利用可能かつアクセス可能とされなければならない)参照。子どもの権利および福祉に関するアフリカ憲章は、締約国は漸進的に中等教育を無償とし、かつすべての者にとってアクセス可能としなければならないと述べ、最も強い文言をとっている。
[100] R. Hodgkin and P. Newell, *o.c.* (note 79), p.417.

しなければならないが、無償中等教育の実現に向けて措置をとる義務も明確に負っているのである[102]。他方、CRCは、すべての子どもが教育にアクセスできるようにする方法の一例として無償中等教育の導入に言及しているにすぎない。国はその他の適当な措置をとることによってこの義務を充足することができるとも考えられる[103]。無償中等教育は義務的措置ではないが、その重要性および実効性はこれまでも強調されてきた。その意味で、CRC委員会は、中等教育で親が負担しなければならない費用について懸念を表明している[104]。教育についての権利に関する特別報告者および一部学説も、無償教育の導入が、中等教育に関わる国の義務を充足する最も実効的な方法であることを強調しているところである[105]。

16. 高等教育段階では、締約国が無償教育に関わって負っている義務は中等教育段階よりもはるかに限定されたものでしかない。28条1項は、政府に対し、無償教育を整備する義務も、その方向に向けて何らかの措置をとる義務も負わせていないのである。ただし、準備作業文書によれば、社会権規約13条2項(c)に掲げられた「特に、無償教育の漸進的な導入により」という表現がCRC草案のひとつにも含まれていたことが明らかになっている[106]。最終的に、オランダ、英国、フィンランド、日本といったいくつかの富裕国の反対により、この表現は削除された[107]。したがって、この点に関わる

---

[101] S. Detrick, *A Commentary on the United Nations Convention on the Rights of the Child* (The Hague/Boston/London, Martinus Nijhoff Publishers, 1999), p.481 and D. Hodgson, l.c. (note 18), pp.246-247.
[102] 社会権規約委員会「教育についての権利に関する一般的意見13号」(UN Doc. E/C.12/1999/10, 1999)、パラ14。
[103] *Travaux Préparatoires* (UN Doc. E/CN.4/1989/48, 1989), para.464; reproduced in S. Detrick (ed.), *The United Nations Convention on the Rights of the Child: A Guide to the "Travaux Préparatoires", o.c.* (note 88), p.393:「日本代表は、同号における無償教育への言及について、教育を利用する機会がすべての子どもに与えられるようにする方法の例を示しているにすぎず、無償教育は締約国がとらなければならない措置であることを意味するものではないと解釈する旨、述べた」。
[104] たとえば次の国に対するCRC委員会の総括所見を参照:ジンバブエ (UN Doc. CRC/C/54, 1996)、パラ89;バルバドス (UN Doc. CRC/C/87, 1999)、パラ57。
[105] K. Tomaševski, *Right to Education Primer 3: Human rights obligations: making education available, accessible, acceptable and adaptable, o.c.* (note 3), p.14. G. Van Bueren, The International Law on the Rights of the Child, o.c. (note 18), p.236も参照。
[106] *Travaux Préparatoires* (UN Doc. E/CN.4/1989/48, 1989), para.459; reproduced in S. Detrick (ed.), *The United Nations Convention on the Rights of the Child: A Guide to the "Travaux Préparatoires", o.c.* (note 88), p.391.

CRC上の義務は、高等教育を無償とするための措置をとる義務を締約国に課した社会権規約の対応条項における義務ほど強くはない[108]。現在は初等教育が世界的に優先されており、そのため中等・高等教育から注意が逸らされていることには触れておく価値がある[109]。CRCは、中等・高等段階における保護の水準を引き下げることにより、この傾向を強化するものである。ただし、CRC委員会が高等教育における平等なアクセスおよび機会の平等の重要性を強調することにより、このような傾向には歯止めがかけられている[110]。このような委員会の対応は、ホジキンとニューウェルの見解によれば、貧しい子どもが高等教育課程への入学試験を受け、合格した場合には奨学金を得られるようにする財政援助など、支援のための措置を導入する最低限の義務が締約国にはあることを明らかにするものである[111]。

1.1.4 義務教育

17. 初等教育段階では、締約国は初等教育を無償とする義務を負うのみならず、義務的なものにもしなければならない。義務教育の原則はいくつかの人権条約でも定められており[112]、子どもの最善の利益に照らせば一定段階以下の教育は拒否できないという考え方に基づいている。これにより、教育を受ける子どもの権利が、たとえば親による養育懈怠・虐待・無知、文化的抵抗または児童労働により阻害されてはならないことが確保されるのである[113]。したがって、「義務的」の文言は子どもの権利を保護するものと

---

[107] *Travaux Préparatoires* (UN Doc. E/CN.4/1989/48, 1989), paras.465-466; reproduced in S. Detrick (ed.), *The United Nations Convention on the Rights of the Child: A Guide to the "Travaux Préparatoires"*, o.c. (note 88), p.393.
[108] S. Detrick, *A Commentary on the United Nations Convention on the Rights of the Child*, o.c. (note 101), p.483 and D. Hodgson, l.c. (note 18), pp.245.
[109] K. Tomaševsiki, *Right to Education Primer 3: Human rights obligations: making education available, accessible, acceptable and adaptable*, o.c. (note 3), p.17.
[110] CRC委員会「条約44条1項(b)に基づいて締約国によって提出される定期報告書の形式および内容に関する一般指針」(UN Doc. CRC/C/58, 1996)、パラ107。
[111] R. Hodgkin and P. Newell, *o.c.* (note 79), p.420.
[112] 世界人権宣言26条1項、社会権規約13条2項(a)および14条、経済的、社会的および文化的権利の分野における米州人権条約のサンサルバドル議定書13条3項(a)、ならびに子どもの権利および福祉に関するアフリカ憲章11条3項(a)も参照。
[113] 社会権規約委員会「初等教育のための行動計画に関する一般的意見11号」(UN Doc. E/C.12/1999/4, 1999)、パラ6。M. Mehedi, *o.c.* (note 2), paras.39 and 50 and D. Hodgson, *l.c.* (note 18), p.241も参照。

して解釈されるべきであり、特定のタイプの教育を受けるよう国または家族が強制すること、ないしは国が教育の独占権を有することを含意するものとして理解されてはならない[114]。無償教育の原則と義務教育の原則は相互に関連するものである。無償教育を提供する義務を政府に課すことにより、出席を法律で義務づけることが可能となる[115]。したがってCRC委員会は、しばしば無償教育の側面と関連づけながら、初等教育が義務的なものでなければならないことを相当に重視している[116]。

　義務教育とは、国がいくつかの積極的義務を負うということでもある。第1に、国は立法措置をとることによって、一定の年齢に達するまで義務教育を課さなければならない。第2に――一部論者が指摘するように――、国は――初等教育における登録料を廃止すること以外に――、交通手段や栄養供給のような、通学を促進するための代替的戦略を採用する必要がある[117]。同様の政策はCRC委員会も促進しているところであり、締約国報告書に関する総括所見では、食事や健康相談サービス[118]のほか、不利な立場に置かれた子どもを対象とした無償の交通手段の提供[119]が勧告されている。委員会は、働く子どもについても、その教育上の権利を確保するための提案をいくつか行なってきた。この点については26および34で後述する。ここで強調しておかなければならないのは、初等教育を無償のものとする義務と同じように、初等教育を義務的なものとする28条1項(a)上の義務は、社会権規約13条2項(a)上の義務ほど強いものではないということである。義務的初等教育は漸進的に実現すればよいことになっており、詳細な行動計画を作成する必要もない（前掲7および14参照）。

　教育の義務化は通学の義務化を意味しない。教育と学校は同義ではないのである。ホジキンとニューウェルが正しく指摘するように、子どもの教

114　K. Halvorsen, 'Notes on the Realization of the Human Right to Education', *Human Rights Quarterly* 12, 1990, pp.351-352.
115　G. Van Bueren, *The International Law on the Rights of the Child, o.c.* (note 18), p.238.
116　たとえば次の国に対するCRC委員会の総括所見を参照：セネガル（UN Doc. CRC/C/46, 1995）、パラ128・142；ジンバブエ（UN Doc. CRC/C/54, 1996）、パラ89；ネパール（UN Doc. CRC/C/54, 1996）、パラ167；カンボジア（UN Doc. CRC/C/97, 2000）、パラ384-385；オマーン（UN Doc. CRC/C/111, 2001）、パラ191-192；コートジボアール（UN Doc. CRC/C/108, 2001）、パラ337-338；モルジブ（UN Doc. CRC/C/79, 1998,）、パラ236；ブータン（UN Doc. CRC/C/108, 2001）、パラ470-471。
117　M. Mehedi, *o.c.* (note 2), para.55 and G. Van Bueren, *The International Law on the Rights of the Child, o.c.* (note 18), pp.238-239.

育は（あまりないことではあるが）学校外でも可能であるし、子どもが通学しているからといって必ずしも教育を受けているということにはならない[120]。とはいえCRC28条1項(e)は通学を増加させる義務を締約国に課しており、そこには、一般的には学校こそ子どもが教育を受ける最善の場所であるという、起草者らの基本的考え方が反映されている（後掲25-27参照）[121]。

　義務教育修了前に子どもがどのようなスキルを獲得しているべきかについては、CRCも委員会もまったく沈黙している。この点については締約国の裁量に委ねられていると考えられるかもしれない。

　条約は義務教育の期間についても沈黙している。CRC委員会は、締約国報告書に関する総括所見の中で、義務教育の終期について若干の見解を示してきた。委員会の見解では、義務教育の終期は就業が認められるための最低年齢と一致していなければならない[122]。CRC自体は就業が認められる最低年齢を定めておらず、最低年齢を定める義務を国に課しているのみである[123]。ILO第138号条約2条3項に基づき、このような最低年齢は義務教育修了年齢よりも下回ってはならず、またいかなる場合にも15歳を下回ってはならないという、国際法上の義務が存在する[124]。同条約では、業務の性質または業務が行なわれる状況によって他の年齢制限も課されている（14条、16条および18条）。CRC委員会は15歳という年齢制限を勧告することが多い[125]。14歳または16歳という年齢制限を勧告することもある[126]。さらに、

---

[118] たとえば次の国に対するCRC委員会の総括所見を参照：ホンジュラス（UN Doc. CRC/C/34, 1999）、パラ58；グレナダ（UN Doc. CRC/C/94, 2000）、パラ408。

[119] たとえばモザンビークに対するCRC委員会の総括所見（UN Doc. CRC/C/114, 2002）、パラ306参照。

[120] R. Hodgkin and P. Newell, o.c. (note 79), p.417.

[121] このことを確認する学説もある。たとえばウィルソンは、「就学の義務化は、女児の教育に影響を及ぼす可能性のある私的差別の効果と闘ううえで鍵となりうる」と述べている（D. Wilson, 'Human Rights: Promoting Gender Equality in and through education', *PROSPECTS, UNESCO journal on comparative education 34*, No.1, 2004, p.11）。

[122] たとえば次の国に対するCRC委員会の総括所見を参照：ニカラグア（UN Doc. CRC/C/43, 1995）、パラ65；ウクライナ（UN Doc. CRC/C/46, 1995）、パラ54・63；チュニジア（UN Doc. CRC/C/43, 1995）、パラ125；セネガル（UN Doc. CRC/C/46, 1995）、パラ125・139；韓国（UN Doc. CRC/C/50, 1996）、パラ166・171；ニジェール（UN Doc. CRC/C/118, 2002）、パラ148-149。

[123] CRC32条は、子どもの労働が子どもの教育の妨げとなってはならないと述べるのみである。同様の規定は改正欧州社会憲章（1996年）7条3項にも置かれている。

[124] ILO・就業が認められるための最低年齢に関する第138号条約、1973年6月26日採択・1976年6月19日発効。

[125] たとえば次の国に対するCRC委員会の総括所見を参照：スリランカ（UN Doc. CRC/C/43, 1995）、パラ175；ジンバブエ（UN Doc. CRC/C/54, 1996）、パラ102。

義務教育の就学年齢および修了年齢を明確に定めるよう勧告する[127]にとどまったり、年齢制限については勧告せず年数のみ挙げたりする場合[128]もあった。義務教育は6歳から15歳まで続くのが通例であり[129]、大多数の国ではこの期間に中等教育も一部組み込まれている[130]。

これまで列挙してきたのは政府の義務である。ただし、義務教育の原則が、教育を受ける権利を行使する黙示的義務という形で個人（子ども）に課される、国際人権法上の数少ない義務のひとつであることも述べておく必要がある[131]。

18. 中等・高等教育については、28条1項はどちらも義務的なものとすることを国に求めていない。ただし、28条1項(b)には義務的中等教育の概念が存在しないとはいえ、多くの国では、義務教育の期間が初等教育の期間をはるかに超えて延長されてきたことにも触れておく必要がある[132]。

1.1.5 教育の内容

19. 28条1項は初等・中等・高等段階におけるカリキュラムの内容については定めていない。この点はもっぱら締約国の裁量に委ねられている。た

---

126 たとえば、セントビンセントグレナディーンの第1回報告書に関するCRC委員会の総括所見において、委員会は、義務教育〔修了〕年齢を14歳から16歳に引き上げるよう政府に勧告している（UN Doc. CRC/C/118, 2002, para.454）。ブルンジの第1回報告書に関する総括所見では、学校修了年齢を16歳に引き上げることが勧告された（UN Doc. CRC/C/100, 2000, para.110）。モーリタニアの第1回報告書に関する総括所見では、義務教育を6歳から14歳まで継続することが勧告されている（UN Doc. CRC/C/111, 2001, para.73）。
127 たとえば次の国に対するCRC委員会の総括所見を参照：コンゴ民主共和国（UN Doc. CRC/C/108, 2001）、パラ210；カメルーン（UN Doc. CRC/C/111, 2001）、パラ349；ソロモン諸島（UN Doc. CRC/C/132, 2003）、パラ303；パキスタン（UN Doc. CRC/C/133, 2004）、パラ194。
128 たとえばニカラグアの第1回報告書に関する総括所見で、委員会は、義務教育は9年間にするべきであるとの見解を打ち出している（UN Doc. CRC/C/43, 1995, para.65）。
129 K. Tomaševsiki, *Right to Education Primer 3: Human rights obligations: making education available, accessible, acceptable and adaptable*, o.c. (note 3), p.10.
130 K. Tomaševsiki, *Right to Education Primer 2: Free and compulsory education for all children: the gap between promise and performance*, o.c. (note 97), p.27. A. Melchiorre, *At what age? ... are school children employed, married and taken into court?* (Lund, Raoul Wallenberg Institute, 2002), p.119も参照。
131 P. Aräjarvi, 'Article 26', *l.c.* (note 77), p.554; M. Nowak, 'The Right to Education', *l.c.* (note 3), pp.253 and 261; and K. Tomaševsiki, *Preliminary report of the Special Rapporteur on the right to education* (UN Doc. E/CN.4/1999/49, 1998), paras.75-77.
132 前掲注130参照。

だし締約国は、あらゆる段階の教育におけるカリキュラムが、子どもにとって「受入れ可能」なものであることを確保しなければならない。すなわち、教育の実質的内容はとりわけ、子どもの生活や将来と関連しており、文化的に適切であり、かつ良質なものであるべきである[133]。国は、受入れ可能性の基準が満たされるよう、私的教育機関に教育上の最低基準を課すことができる[134]。受入れ可能性の基準はさらに、CRC29条1項に列挙された目的にも服しなければならない。カリキュラムは、そこで提供される教育により、ⓐ子どもがその人格、才能ならびに精神的および身体的能力を自由に発達させることができ、ⓑ人権、基本的自由および平和の維持の尊重を発展させ、ⓒ自分の親、自国の国民的価値および他の文明の国民的価値の尊重を発展させ、ⓓ相互の寛容ならびに他の文明、文化、宗教および性の尊重の精神のもとで、子どもが自由な社会に参加できるようになり、かつⓔ自然環境の尊重を発展させられるようなやり方で構成されなければならないのである。したがって、CRC委員会は、CRCについての教育――29条に掲げられた諸目的に関する教育を含む――をあらゆる段階の学校教育[135]における(公式・非公式の)[136]カリキュラムに含めるよう、各国に繰り返し奨励してきた。これは国の学校についても国以外の学校(たとえばカトリック学校)についても同様である[137]。相互の寛容ならびに他の文明、文化および宗教の尊重に関する教育[138]や、環境の尊重に関する教育[139]はしばしば強調されてきた。「平和のための教育」や[140]、健康教育(性、HIV/AIDS、リプロダクティブヘルスおよび薬物に関する教育を含む)を学校カリキュラムに組み込むことも、し

---

[133] 社会権規約委員会「教育についての権利に関する一般的意見13号」(UN Doc. E/C.12/1999/10, 1999)、パラ6。
[134] CRC29条2項。
[135] たとえば次の国に対するCRC委員会の総括所見を参照:ノルウェー(UN Doc. CRC/C/29, 1994)、パラ174;コロンビア(UN Doc. CRC/C/38, 1995)、パラ96;デンマーク(UN Doc. CRC/C/38, 1995)、パラ198;英国(UN Doc. CRC/C/38, 1995)、パラ234;カナダ(UN Doc. CRC/C/43, 1995)、パラ87;ウクライナ(UN Doc. CRC/C/46, 1995)、パラ67;ベルギー(UN Doc. CRC/C/43, 1995)、パラ112;ドイツ(UN Doc. CRC/C/46, 1995)、パラ105;ニジェール(UN Doc. CRC/C/118, 2002)、パラ147;日本(UN Doc. CRC/C/15/Add.231, 2004)、パラ21。
[136] たとえばニカラグアに対するCRC委員会の総括所見(UN Doc. CRC/C/43, 1995)、パラ57・65参照。
[137] たとえばバチカン市国に対するCRC委員会の総括所見(UN Doc. CRC/C/46, 1995)、パラ183参照。
[138] たとえば次の国に対するCRC委員会の総括所見を参照:ユーゴスラビア連邦共和国(セルビアモンテネグロ)(UN Doc. CRC/C/50, 1996)、パラ109;レバノン(UN Doc. CRC/C/54, 1996)、パラ57;ベルギー(UN Doc. CRC/C/118, 2002)、パラ117。
[139] たとえばレバノンに対するCRC委員会の総括所見(UN Doc. CRC/C/54, 1996)、パラ42参照。

しばしば勧告されてきたところである[141]。委員会はさらに、子どもにとってのカリキュラムの関連性を高めるよう、しばしば提案してきた[142]。学校生活に生徒が積極的に参加するようにすることは、この目標に到達するためのひとつの戦略として挙げられている[143]。29条の目的に対応した教育が行なわれるようにするためには、カリキュラムをこれらの目的に適合させるのみならず、カリキュラムの実施を担当する者についても同様の対応をとらなければならない。したがって、CRC委員会は、条約の規定および原則に関する教育を教員養成プログラムにも含めること[144]や、条約の一般原則および29条の規定に照らし、教育方法においても条約の精神および理念を参考にしかつ反映させること[145]を、繰り返し勧告してきた。このことは国以外の学校でも保障されなければならない[146]。

　要約すれば、29条に定められた教育の目的は、教育のタイプについて一定の限界を定めたものであるということができる。同時に、カリキュラムの内容は依然として非常に一般的であり、多くの選択肢に対して開かれたままであって、それぞれの文化がそれぞれのやり方で決定する可能性を残すものである。これにより、教育の実質的内容を「適合可能」にすることが可能となる。すなわち、教育内容は、変化する社会のニーズに適合し、かつ多様な社会的・文化的環境に置かれている生徒のニーズに対応できるよう、柔

140　たとえば次の国に対するCRC委員会の総括所見を参照：ブルンジ（UN Doc. CRC/C/100, 2000）、パラ151；ルワンダ（UN Doc. CRC/C/15/Add.234, 2004）、パラ57。
141　たとえば次の国に対するCRC委員会の総括所見を参照：エストニア（UN Doc. CRC/C/124, 2003）、パラ69；キプロス（UN Doc. CRC/C/132, 2003）、パラ136；アルゼンチン（UN Doc. CRC/C/121, 2002）、パラ76；インドネシア（UN Doc. CRC/C/15/Add.223, 2004）、パラ59；ニュージーランド（UN Doc. CRC/C/133, 2004）、パラ150；マダガスカル（UN Doc. CRC/C/133, 2004）、パラ305；バングラデシュ（UN Doc. CRC/C/133, 2004）、パラ492。CRC委員会「AIDSが存在する世界で暮らす子どもに関する一般的討議」（UN Doc. CRC/C/79, 1998, Annex VI）、パラ243も参照。
142　たとえば次の国に対するCRC委員会の総括所見を参照：コスタリカ（UN Doc. CRC/C/94, 2000）、パラ233；イタリア（UN Doc. CRC/C/15/Add.41, 1995）、パラ21。
143　たとえば次の国に対するCRC委員会の総括所見を参照：カメルーン（UN Doc. CRC/C/111, 2001）、パラ380；サウジアラビア（UN Doc. CRC/C/103, 2001）、パラ414；蘭領アンチル諸島（UN Doc. CRC/C/118, 2002）、パラ576。
144　たとえば次の国に対するCRC委員会の総括所見を参照：ナミビア（UN Doc. CRC/C/24, 1994）、パラ62；ノルウェー（UN Doc. CRC/C/29, 1994）、パラ172；英国（UN Doc. CRC/C/38, 1995）、パラ234；ニカラグア（UN Doc. CRC/C/43, 1995）、パラ57；カナダ（UN Doc. CRC/C/43, 1995）、パラ87；ベルギー（UN Doc. CRC/C/43, 1995）、パラ113；ドイツ（UN Doc. CRC/C/46, 1995）、パラ105。
145　たとえば次の国に対するCRC委員会の総括所見を参照：英国（UN Doc. CRC/C/38, 1995）、パラ234；ベルギー（UN Doc. CRC/C/43, 1995）、パラ112。
146　たとえばバチカン市国に対するCRC委員会の総括所見（UN Doc. CRC/C/46, 1995）、パラ183参照。

軟なものでなければならない[147]。この最後の側面は、換言すれば、「差異化された教育」を求めるものである[148]。

20. 社会権規約委員会は、各段階の教育内容について若干の示唆を行なっている。CRC28条1項は社会権規約13条2項の趣旨に沿って起草された部分が大きいため、これらの見解を踏まえてCRC28条1項(c)を読みこむことを提案することもできよう。

　初等教育においては、万人のための教育に関する世界宣言5条に従い、すべての子どもの基本的な学習ニーズの充足が確保されなければならない[149]。基本的な学習ニーズは、人間が生存し、その能力を全面的に発達させ、尊厳をもって暮らしかつ働き、発展に全面的に参加し、その生活の質を向上させ、十分情報を得たうえで決定を行ない、かつ学習を継続することができるために必要とされる必須の学習手段（識字、口頭表現、計算および問題解決の能力など）および基本的な学習内容（知識、スキル、価値観および態度など）から構成される[150]。

　中等教育段階では、基本的な学習スキルが完成され、かつ生涯学習および人間的発達のための基盤が強化されなければならない[151]。この段階では、生徒は職業上のおよび高等教育の機会に向けた用意を整える必要がある[152]。

　高等教育段階では、職員および学生の学問の自由が強調されてきた。学問の自由には、とくに、教育を通じて知識および考えを伝達する自由が含ま

147　社会権規約委員会「教育についての権利に関する一般的意見13号」(UN Doc. E/C.12/1999/10, 1999)、パラ6。
148　P. Meyer-Bisch, The right to education in the context of cultural rights (UN Doc. E/C.12/1998/17,1998), para.12参照。
149　社会権規約委員会「教育についての権利に関する一般的意見13号」(UN Doc. E/C.12/1999/10, 1999)、パラ9；「万人のための教育に関する世界宣言」(ジョムティエン〔タイ〕にて1990年採択)(前掲注42)5条。
150　「万人のための教育に関する世界宣言」(ジョムティエン〔タイ〕にて1990年採択)(前掲注42)1条。
151　したがって「初等教育」と「基礎教育」の概念は同義ではない。初等教育は基礎教育の中核であるが、基礎教育は初等教育の水準を超えるものである。基礎教育は中等教育段階でも継続されるし、成人の「2度目のチャンス」初等教育および初等教育前教育をも包含している (K. Tomaševsiki, *Preliminary report of the Special Rapporteur on the right to education,* (UN Doc. E/CN.4/1999/49, 1998), para.15 and UNICEF, *UNICEF strategies in basic education,* (UN Doc., E/ICEF/1995/16), para.6)。
152　社会権規約委員会「教育についての権利に関する一般的意見13号」(UN Doc. E/C.12/1999/10, 1999)、パラ12。

れる。この自由はあらゆる段階の教育に適用されるが、高等教育段階ではとりわけ重要となる。この自由は、とくに高等教育段階で、政治的その他の圧力により阻害されているためである[153]。学問の自由の享受には、教育の実質的内容がこの自由に適合することを確保する国の義務が伴う。

1.1.6 教育の形態

21. 中等・高等教育段階について、28条1項は「種々の形態の教育」を利用可能・アクセス可能とするよう求めている。

　28条1項(b)が国に義務づけているのは、「種々の形態の中等教育（一般教育及び職業教育を含む。）の発展」を奨励することである。社会権規約委員会によれば、このことは、異なる社会的および文化的環境の生徒のニーズに対応するために、国が柔軟な学習課程および多様な供給制度を予定しなければならないことを含意する[154]。利用可能とされなければならない教育形態として明示的に挙げられているのは、一般教育と職業教育である。一般教育は、数学、語学、歴史、地理など、より伝統的な課程を指していると思われる。職業教育は、ユネスコにより、「一般的知識に加え、技術および関連科学の学習ならびに経済的および社会的生活のさまざまな部門の職業に関わる実践的スキル、ノウハウ、態度および理解の獲得を伴う、あらゆる形態の教育過程」と定義されている[155]。職業教育への明示的言及は、労働市場に関する導入は教育の必要不可欠な要素であるという考え方にもとづくものである。したがって、職業教育は、（28条1項(d)にいうような）特定のプログラムに限定されるだけではなく、一般教育制度の構成要素として理解されなければならない[156]。職業教育の内容に関する具体的提示は、教育についての権利に関する社会権規約委員会の一般的意見13号[157]、ユ

---

[153] *Ibid.*, パラ38-39。
[154] *Ibid.*, パラ12。
[155] ユネスコ・技術教育および職業教育に関する条約（1989年11月10日採択）1条。
[156] 社会権規約委員会「教育についての権利に関する一般的意見13号」（UN Doc. E/C.12/1999/10, 1999）、パラ16。ユネスコ・技術教育および職業教育に関する勧告（1974年）（2001年11月2日改正）の2条および19〜24条も参照。
[157] 社会権規約委員会「教育についての権利に関する一般的意見13号」（UN Doc. E/C.12/1999/10, 1999）、パラ16。

ネスコ・技術教育および職業教育に関する条約[158]3条、ユネスコ・技術教育および職業教育に関する改正勧告[159]で行なわれている。

28条1項(b)の「を含む」の文言は、この列挙が網羅的ではないことを示唆するものである[160]。CRC委員会は、総括所見の中で、子どもが置かれた社会的環境の中でそのニーズに対応する代替的教育プログラムの発展を各国に奨励することが多い[161]。委員会はこれとともに、脆弱な立場に置かれた集団の教育についての権利を確保するために政府がとらなければならない特別措置に、とくに言及している（後掲26および34参照）。28条1項(b)は中等教育段階でかなり多くの形態による供給が行なわれることを求めているが、それでも、この点に関するCRC上の保護は社会権規約13条2項(b)よりも弱い[162]。種々の形態の中等教育（技術的および職業的中等教育を含む）を、すべての適当な方法により一般的にアクセス可能にしなければならないという後者の規定上の義務は、論理的必然として、種々の形態の中等教育を「発展させる」義務を包含する。このような文言は、CRC28条1項(b)で負うことを求められている、種々の形態の中等教育の「発展を奨励」する義務にすぎないものよりも強い義務を含意するものである。

高等教育について、社会権規約委員会は、高等教育に関わる規定では——中等教育に関わる項のように——「種々の形態」の教育への言及は含まれていないものの、高等教育も種々の形態で利用可能とされなければならないと指摘している。高等教育を含むあらゆる段階の教育に不可欠な要素である、「職業教育」についても同様である[163]。このような解釈を、社

158　ユネスコ・技術教育および職業教育に関する条約（1989年11月10日採択）。
159　ユネスコ・技術教育および職業教育に関する勧告（1974年）（2001年11月2日改正）。
160　準備作業によれば、それまで用いられていた「の両方」（both）の文言は、他の形態の教育が排除されないようにするために「を含む」（including）に差し替えられた：*Travaux Préparatoires* (E/CN.4/1989/WG.1/CRP.1, 1989), p.33。
161　たとえば次の国に対するCRC委員会の総括所見を参照：ブルガリア（UN Doc. CRC/C/62, 1997）、パラ41；スロベニア（UN Doc. CRC/C/50, 1996）、パラ208。社会権規約委員会「教育についての権利に関する一般的意見13号」（UN Doc. E/C.12/1999/10, 1999）、パラ12も参照。
162　D. Hodgson, *l.c.* (note 18), pp.244-245. S. Detrick, *A Commentary on the United Nations Convention on the Rights of the Child*, *o.c.* (note 101), p.481も参照。
163　社会権規約委員会「教育についての権利に関する一般的意見13号」（UN Doc. E/C.12/1999/10, 1999）、パラ18および16。世界人権宣言26条1項が「技術的及び職業的教育は、一般的に利用可能なものと」するとし、教育段階を明示していないことからすれば、職業教育はあらゆる形態の教育の不可欠な要素であると考えることができる。

会権規約の対応条項に沿って起草された部分が大きいCRC28条1項(c)の規定に読みこむことは可能であろう。

1.1.7　教育および職業に関する情報および指導

22. 28条1項(d)は、「すべての子どもに対し、教育及び職業に関する情報及び指導が利用可能であり、かつ、これらを利用する機会が与えられるものとする〔アクセス可能とする〕」ことを国に義務づけている。この規定は国際人権法では独特である。他の人権文書としては、職業上の援助に対する同様の権利を掲げた欧州社会憲章しか存在しない（9条および10条）。同憲章は、無償の援助に対する権利を保障することにより、CRCよりも一歩踏みこんでいる。他の――一般的には人権規範の一部ではないと見なされている――文書では、職業指導・訓練の問題は数十年来、当たり前のように取り上げられてきた。この意味では、ILO・人的資源の開発における職業指導及び職業訓練に関する第142号条約（1975年）[164]とユネスコ・技術教育および職業教育に関する改正勧告[165]が注目に値する。

23. 28条1項(d)に基づき、締約国は、このような情報をまず「利用可能」とし、次に「アクセス可能」としなければならない。そのためには国による積極的政策が必要である。前掲21で述べたように、締約国は、中等・高等教育段階で職業教育を利用可能およびアクセス可能とする義務をすでに負っている。したがって、(d)にいう「教育及び職業に関する情報及び指導」は、学校という場以外で行なわれる活動を指していると思われる。このような規定は重複ではないかと疑問を呈することもできよう。生徒は、自分がどのような職業上の機会を利用できるかについて、学校で自動的に指導・情報を得ているはずだからである。しかしホジキンとニューウェルによれば、このような指導・情報を学校制度外でも提供する追加的義務をあらためて国に負わせることは必要であった。学校は、子どもたちが今後の人生で何をするかに

---

[164]　ILO・人的資源の開発における職業指導及び職業訓練に関する第142号条約（1975年6月3日採択・1977年7月19日発効）。
[165]　ユネスコ・技術教育および職業教育に関する勧告（1974年）（2001年11月2日改正）。

ついて狭い期待しか持っていなかったり、職業上の機会や要請の変化について十分な情報を得ていなかったりする場合があるためである[166]。

　締約国は、教育および職業に関する情報・指導にすべての者がアクセスできるようにしなければならない。実際には、(d)号上の義務は、機会の平等に関わる28条1項の一般的義務の範疇に入るものである（後掲28以下参照）。したがって、教育上および職業上の訓練・指導を提供するにあたっては、女性や障害者など排除されることの多い集団も対象とされなければならない[167]。CRC委員会は、障害児[168]や罪を犯した少年[169]に対しても職業教育が促進されるべきことを強調している。教育機会を逸した若者や子どもについても、職業訓練の重要性が強調されているところである[170]。

24.「教育および職業に関する」という文言の内容は、28条1項(d)では定義されていない。「教育〔に関する〕」という概念は、規律および課程に関わるさまざまな機会についての情報・指導を指していると思われる。他方、「職業に関する」の文言は、どちらかといえば職業選択および職業上の機会に関する情報を指すものである。前掲21で述べたように、ユネスコと社会権規約委員会は、どのようなものを「職業教育」として理解できるかについて、若干の見解を示してきた。ILO第142号条約は、3条で、「〔このような〕情報及び指導は、職業選択、職業訓練及びこれに関連する教育の機会、雇用の状況及び見通し、昇進の見通し、労働条件、労働安全衛生並びに経済活動、社会活動及び文化活動の各種の部門並びに職責のすべての段階における職業生活の他の側面に関するものとする」[171]と付け加えている。

166　R. Hodgkin and P. Newell, *o.c.* (note 79), p.420.
167　これは、改正欧州社会憲章（1996年）9条、ユネスコ・技術教育および職業教育に関する条約（1989年11月10日採択）2条、ILO・人的資源の開発における職業指導及び職業訓練に関する第142号条約（1975年6月3日採択・1977年7月19日発効）3条にも一致する理解である。
168　たとえば次の国に対するCRC委員会の総括所見を参照：カメルーン（UN Doc. CRC/C/111, 2001)、パラ380；エリトリア（UN Doc. CRC/C/132, 2003)、パラ72；インド（UN Doc. CRC/C/15/Add.228, 2004)、パラ57。改正欧州社会憲章（1996年）9条、10条および15条も参照。
169　たとえばエルサルバドルに対するCRC委員会の総括所見（UN Doc. CRC/C/15/Add.232)、パラ58を参照。
170　たとえばリベリアに対するCRC委員会の総括所見（UN Doc. CRC/C/15/Add.236, 2004)、パラ57を参照。
171　ILO・人的資源の開発における職業指導及び職業訓練に関する第142号条約（1975年6月3日採択・1977年7月19日発効）3条。

「指導」という概念については、ユネスコが次のように定義している。「指導は、……すべての人が教育および職業の選択を意識的かつ積極的に行なうことを支援することに向けられるべきである。指導においては、次のような、あらかじめ必要な条件が個人に与えられることが確保されるべきである。(a)自己の興味、能力および特別の才能を意識し、かつ、人生計画を作成することができるようにすること。(b)自己の潜在能力を実現し、かつ人生計画を達成するために立案された教育・訓練課程を追求すること。(c)満足のいく経歴を展開するための、最初の段階およびその後の段階において自己の職業に関する決定を行なうにあたり、柔軟性を身につけること。(d)必要に応じ、教育、雇用および労働の世界との間の移行を容易にすること」[172]。このような指導に伴って提供されるべき「情報」は、「労働市場および雇用構造における傾向、各種の職業の環境への影響、ならびに報酬、昇進および転職について予想されることに関するものを含む、利用可能な機会についての現実的な見方」を個人に与えるようなものでなければならない[173]。

1.1.8　登校および中途退学率

25. 世界的に懸念されている重要な課題のひとつは、2004年に至ってさえ、学校に通っていない子どもの人数が世界的には依然として1億2,100万人にのぼっているという事実である[174]。CRC28条1項(e)は、この問題の解決に向けてさらに歩を進めるための国際法上の根拠を与えた。そこでは、「定期的な登校及び中途退学率の減少を奨励するための措置をとる」義務が課されている。このような義務は主要な国際的・地域的人権文書には盛り込まれていないので、革新的である。そこでは、単に子どもを学校に登録するだけでは十分ではなく、締約国は、子どもを学校に入れて引き続き通わせることによって子どもたちが実際に教育を受けるようにもしなければならないことが、明らかにされている。中途退学率が最も高くなる傾向にあるのは、

172　ユネスコ・技術教育および職業教育に関する勧告（1974年）（2001年11月2日改正）54条。
173　ユネスコ・技術教育および職業教育に関する勧告（1974年）（2001年11月2日改正）56条。
174　C. Bellamy, *The State of the World's Children 2004, Girls, Education and Development* (New York/Geneva, UNICEF, 2004), p.31.〔邦訳／平野裕二・㈶日本ユニセフ協会広報室訳『世界子供白書2004』㈶日本ユニセフ協会・2005年〕

女児、農村部の子ども、マイノリティ集団または先住民族の子どもなど、教育面で全般的に差別されている集団の子どもである(後掲34参照)。

26．定期的な登校および中途退学率の減少を奨励するために締約国がとるべき「措置」は、積極的性質のものでなければならない。CRCの起草者らは、不正規登校の問題に抑圧的なやり方で対応したくはないと述べていた[175]。

　国がどのような措置をとるべきかについて、CRC委員会は、不正規登校および早期の中途退学の根本的原因に応じてさまざまな勧告を行なってきた。貧困が根本的原因である場合、委員会はとくに、子どもの貧困の分析を開始することや、学校で食事および保健ケアを提供することを各国に奨励している[176]。女児は、早期婚、10代の妊娠、伝統、学校の場での暴力やセクシュアル・ハラスメントを含むさまざまな理由から、男児よりも中退しやすい[177]。妊娠を理由とする女児の中途退学を防止するため、委員会は、学校カリキュラムに性教育を含めること[178]、妊娠した10代の生徒を排除しないことによって教育を修了する機会を与えること[179]、このような生徒を対象とした特別プログラムを発展させること[180]を勧告している。暴力や性的虐待によってとくに女児の欠席や成績の悪化が助長されている場合、委員会は、

175　*Travaux Préparatoires* (UN Doc. E/CN.4/1989/48, 1989), para.467; reproduced in S. Detrick (ed.), *The United Nations Convention on the Rights of the Child: A Guide to the "Travaux Préparatoires"*, o.c. (note 88), p.393.
176　たとえばグレナダに対するCRC委員会の総括所見 (UN Doc. CRC/C/94, 2000)、パラ408を参照。
177　2004年に至っても、初等学校を中途退学する女児の人数は男児よりも数百万人単位で多いという状況が毎年続いている。C. Bellamy, *The State of the World's Children 2004, Girls, Education and Development*, o.c. (note 174), pp.33-34参照。
178　たとえばウルグアイに対するCRC委員会の総括所見 (UN Doc. CRC/C/50, 1996)、パラ109・119を参照。この勧告は、教育についての特別報告者の見解とも一致している。K. Tomaševsiki, *The Right to Education, Annual report of the Special Rapporteur on the right to education 2003* (UN Doc. E/CN.4/2004/45, 2004), paras.35-42参照。
179　CRC委員会「一般的意見4号：子どもの権利条約の文脈における思春期の健康および発達」(UN Doc. CRC/GC/2003/4, 2003)、パラ31参照。また、たとえば次の国に対するCRC委員会の総括所見も参照：モザンビーク (UN Doc. CRC/C/114, 2002)、パラ306；ガイアナ (UN Doc. CRC/C/15/Add.224, 2004)、パラ48；チリ (UN Doc. CRC/C/114, 2002)、パラ370；ニュージーランド (UN Doc. CRC/C/133, 2004)、パラ156。このような視点は、子どもの権利および福祉に関するアフリカ憲章 (1990年) 11条6項や、教育についての特別報告者の勧告とも一致するものである。K. Tomaševsiki, *Progress Report of the Special Rapporteur on the right to education 1999/25* (UN Doc. E/CN.4/2000/6, 2000), paras.56-60参照。
180　たとえば英国に対するCRC委員会の総括所見 (UN Doc. CRC/C/121, 2002)、パラ140を参照。

学校は安全で安心できる場でなければならないことを繰り返し強調してきた[181]。マイノリティに属する子どもの中途退学率が高い問題は、とくに多言語教育を整えること（後掲34および37参照）[182]や、遊牧民族の子どもを対象とした移動学校のような適合的プログラム[183]によって対応可能である。早期の中途退学の問題は、学校カリキュラムの関連性および適合度が低いこと[184]、教員に能力がないこと、規律運用システムが抑圧的であることなどによって引き起こされる場合もある。このような問題を解決するため、委員会は、教育現場に児童生徒[185]ならびに親および共同体（より具体的には民族的マイノリティ）[186]が積極的に参加することを奨励している。カリキュラムの関連性を高め、それによって中途退学と闘ううえで有効なもうひとつの方法は、よりよい職業教育を提供することである[187]。

27. 国がどの教育段階で登校を促進しなければならないかについては、CRCでは具体的に定められていない。準備作業は、この点について、このような措置は初等・中等教育に限られるべきであるとする米国と、自己規律の欠如から高等教育の学生を守りたいと考えたフランスとの間で議論があったことを明らかにするのみである[188]。しかしこの議論は、28条1項(e)で教育

---

[181] CRC委員会「一般的意見3号：HIV/AIDSと子どもの権利」（UN Doc. CRC/GC/2003/3, 2003）、パラ19；CRC委員会「一般的意見4号：子どもの権利条約の文脈における思春期の健康および発達」（UN Doc. CRC/GC/2003/4, 2003）、パラ17。また、たとえば次の国に対するCRC委員会の総括所見も参照：コンゴ民主共和国（UN Doc. CRC/C/15/Add.153, 2001）、パラ60-61；タンザニア連合共和国（UN Doc. CRC/C/15/Add.156, 2001）、パラ57。
[182] たとえば次の国に対するCRC委員会の総括所見を参照：グアテマラ（UN Doc. CRC/C/108, 2001）、パラ274；中央アフリカ共和国（UN Doc. CRC/C/100, 2000）、パラ467-468；スロバキア（UN Doc. CRC/C/100, 2000）、パラ590-591；グルジア（UN Doc. CRC/C/97, 2000）、パラ128-129；スリナム（UN Doc. CRC/C/97, 2000）、パラ499-500；旧ユーゴスラビア・マケドニア共和国（UN Doc. CRC/C/94, 2000）、パラ282-283。
[183] たとえばモンゴルとの対話に関するCRC委員会の議事要録（UN Doc. CRC/C/265, 1996）、パラ41を参照。
[184] たとえばコスタリカに対するCRC委員会の総括所見（UN Doc. CRC/C/94, 2000）、パラ233を参照。
[185] たとえば次の国に対するCRC委員会の総括所見を参照：カメルーン（UN Doc. CRC/C/111, 2001）、パラ380；トルコ（UN Doc. CRC/C/108, 2001）、パラ136；サウジアラビア（UN Doc. CRC/C/103, 2001）、パラ414；蘭領アンチル諸島（UN Doc. CRC/C/118, 2002）、パラ200。
[186] たとえば次の国に対するCRC委員会の総括所見を参照：ウズベキスタン（UN Doc. CRC/C/111, 2001）、パラ581；ヨルダン（UN Doc. CRC/C/97, 2000）、パラ200。
[187] R. Hodgkin and P. Newell, *o.c.* (note 79), p.422. たとえば次の国に対するCRC委員会の総括所見も参照：ブルンジ（UN Doc. CRC/C/15/Add.133, 2000）、パラ65；リベリア（UN Doc. CRC/C/15/Add.236, 2004）、パラ57。

段階を具体的に示すことにはつながらなかった。CRC委員会の見解から、国は初等・中等段階のいずれにおいてもこのような措置をとらなければならないことが導き出せる[188]。

1.2 教育への平等なアクセスおよび教育における機会の平等についての権利

28. 女性、黒人、民族的・宗教的・言語的マイノリティなど、脆弱な立場に置かれた一定の集団を組織的に差別するために政府が教育制度を利用する傾向は一貫してあったし、今なお続いている。実際、教育が不平等を温存する有効な手段であることは証明されてきた。しかし、教育は不平等を解消する手段ともなりうる。教育はこのような相容れない2つの目的にとって役立ちうることから、CRCの起草者らは、CRC28条1項の頭書きでCRC2条1項の一般的非差別原則を再確認し、教育についての権利の他のすべての側面にこの原則を適用することによって、教育における平等を大いに強調することにした。したがって、CRCの締約国は「機会の平等を基礎として」教育を利用可能・アクセス可能にしなければならない。これは付帯的義務であり、28条1項の実体的権利全体にもう1枚の保護の層を付け加えるものである[190]。「機会の平等」への言及はCRC2条1項の文言よりも強い。形式的平等のみならず、しばしば積極的是正措置政策を必要とする実質的平等も確保することを、国に対して明示的に義務づけているためである。

29. 教育における区別の**禁止事由**は、第1にCRC2条1項に見出すことができる。すなわち、子どもまたはその父母もしくは法定保護者の人種、皮膚

---

[188] *Travaux Préparatoires* (UN Doc. E/CN.4/1989/48, 1989), para.468; reproduced in S. Detrick (ed.), *The United Nations Convention on the Rights of the Child: A Guide to the "Travaux Préparatoires"*, o.c. (note 88), pp.393-394.
[189] たとえば次の国に対するCRC委員会の総括所見を参照：オマーン（UN Doc. CRC/C/111, 2001）、パラ191-192；エクアドル（UN Doc. CRC/C/80, 1998）、パラ49；キルギス（UN Doc. CRC/C/97, 2000）、パラ318-319；ポルトガル（UN Doc. CRC/C/111, 2001）、パラ246-247；ヨルダン（UN Doc. CRC/C/97, 2000）、パラ200。
[190] 自由権規約の対応条項（2条1項）に関するノヴァックの見解を参照：M. Nowak, *U.N. Covenant on Civil and Political Rights - CCPR Commentary*, o.c. (note 13), p.43, para.31.

の色、性、言語、宗教、政治的意見その他の意見、国民的・民族的・社会的出身、財産、障害、出生または他の地位を理由とする異なる取扱いは、条約と両立しない。これらの事由は社会権規約2条1項および自由権規約2条1項で挙げられているものと同様だが、民族的出身と障害が付け加えられている[191]。ここでいう「他の地位」は無制限な概念ではなく、列挙された事由と同様のカテゴリーのみを包含する限定的なものであろう。このような理解は、自由権規約委員会と社会権規約委員会が、それぞれの規約の対応条項[192]をこのように解していることから導き出せる[193]。CRC委員会は、締約国報告書に関する総括所見の中で、「他の地位」の概念に当てはまりうるいくつかの事由を特定してきた。性的指向、居住場所（州／地域の別[194]、住居のない状態、農村部、遺棄された状態、避難している状態など）、少年司法制度や武力紛争に関与している子どもなどである[195]。

30.「**教育**」における差別の禁止は、ユネスコ・教育における差別を禁止する条約[196]——教育における差別に関する最も具体的な条約——1条2項によれば、あらゆる教育段階に及び、かつ教育へのアクセス、教育の水準および質ならびに教育が与えられる条件に関わっている。

31. 教育における「**差別**」とは、ユネスコ条約1条1項によれば、禁止事由に基づくあらゆる区別、除外、制限または優先であって、教育における取扱

---

[191] 同様の差別禁止事由は、ユネスコ・教育における差別を禁止する条約（1960年）1条1項でも挙げられている。教育における男女差別は、女性差別撤廃条約（1979年）10条でも同様に禁じられている。教育における人種差別は、人種差別撤廃条約（1965年）5条(e)(v)でも同様に禁じられている。教育における先住民族・種族民の機会の平等は、ILO・独立国における先住民族および種族民に関する第169号条約（1989年）第Ⅵ部で保障されている。
[192] 社会権規約2条1項および自由権規約2条1項。
[193] B. Abramson, l.c. (note 12), p.64.
[194] 連邦国家では教育制度が地域の管轄とされる場合があり、したがって地域ごとの違いが生じうる。CRC委員会は、国内のあらゆる地域の子どもが平等に保護されるようにすることは連邦政府の責任であることを強調してきた。たとえばベルギーに対するCRC委員会の総括所見（UN Doc. CRC/C/15/Add.178, 2002）、パラ10を参照。社会権規約委員会「教育についての権利に関する一般的意見13号」（UN Doc. E/C.12/1999/10, 1999）、パラ35も参照。
[195] CRC委員会が特定してきた差別禁止事由の完全な一覧は、R. Hodgkin and P. Newell, o.c. (note 79), p.28参照。
[196] ユネスコ・教育における差別を禁止する条約（1960年12月14日採択・1962年5月22日発効、以下「ユネスコ条約」）。ただし、この条約の批准国は89カ国にすぎない。

いの平等を無効にしまたは害する目的または効果を有するものである。この条約はとくに、いずれかの者または集団から教育へのアクセスを奪い、いずれかの者または集団が水準の低い教育しか受けられないようにし、いずれかの者または集団を対象とする別個の教育制度を維持し、かつ人間の尊厳と両立しない条件をいずれかの者または個人の集団に課す慣行の根絶を目的としている。

32. 不平等な取扱いがすべて差別になるわけではない。区別は、合理的かつ客観的な基準によって支持されない場合のみ、差別として禁じられる[197]。社会権規約委員会は積極的差別是正措置の正当性を認めているし[198]、一定の状況下で特定の集団を対象とした別個の教育制度または教育機関を設けることについても同様である[199]。これは、男女の生徒のためにおよび宗教的または言語的理由により別個の教育制度を設置・維持することを認めたユネスコ条約2条にも一致している。したがって、男子校・女子校が禁じられているという解釈をCRC28条1項から導き出せるかどうかは明らかでない。第1に、同項の文言は、このような禁止を導き出せるだけの明瞭さ・精確さを欠いている。第2に、ユネスコ条約と社会権規約委員会の見解はこれと反対である。にもかかわらず、CRC委員会は一般的意見1号で次のように述べている。「子どもが教育上の機会にアクセスすることの否定は第一義的には条約28条に関わる問題であるが、29条1項に掲げられた原則を遵守しないことも、多くの形で同様の効果を発揮しうるのである。極端な例を挙げれば、男女差別は、男女平等の原則に一致しないカリキュラムのような慣行によって、提供された教育上の機会から女児が得ることのできる利益を制限するような体制によって、および女児の参加を抑制するような危険なまたは不利な環境によって、強化されうる」[200]。「教育上の機会にアクセスすること」という表現が「教育機関にアクセスすること」を意味して

---

[197] 自由権規約の対応条項（2条1項）に関するノヴァックの見解を参照：M. Nowak, *U.N. Covenant on Civil and Political Rights - CCPR Commentary, o.c.* (note 13), p.44, para.32.
[198] 社会権規約委員会「教育についての権利に関する一般的意見13号」（UN Doc. E/C.12/1999/10, 1999）、パラ32.
[199] *Ibid.*, パラ33。
[200] CRC委員会「教育の目的に関する一般的意見1号」（UN Doc. CRC/GC/2001/1, 2001）、パラ10。

いるのだとしたら、CRC委員会は、学校へのアクセスに関わる男女の区別を禁じたと結論づけることができよう。このような解釈は、男女共学を明示的に奨励している女性差別撤廃条約10条(c)に一致しているともいえる。国連の諸委員会がこのように正反対ともいえる見解をとっていること、男女共学の問題については国際基準間でも矛盾があるように思われることから、CRC28条1項が男子校・女子校を禁じているかどうかという問題にはっきりした答えを出すことは不可能である。

33. **国の義務**という点では、CRCの非差別原則は政府に次の義務を課している。①教育のいくつかの側面（たとえばアクセス可能性、初等教育の無償、内容／質など）に関わる立法、政策および実行において、公立学校における平等原則を尊重すること。②第三者による差別を防止し、またはこれと闘うために積極的措置をとること。③実質的平等を保障するために積極的政策を実施すること[201]である。法律上および事実上の差別を解消するためにとりうるもっと具体的な措置は、ユネスコ条約3条に列挙された措置[202]、リンブルグ原則[203]、および、とくに脆弱な立場に置かれた集団の差別と闘うためのCRC委員会の勧告から導き出すことができる。これについて、以下で詳しく述べていく。

34. 28条1項で再確認されている2条の非差別原則は、一般的には、国の管轄内にある子ども一人一人に適用される。したがって国民ではない者に

201　F. Coomans, 'In search of the core content of the right to education', *l.c.* (note 3), pp.245-246 参照。
202　ユネスコ・教育における差別を禁止する条約（1960年）3条は次のような措置を掲げている。
(a)　教育上の差別をもたらす法令の規定および行政上の通達を廃止し、ならびにそのような差別をもたらす行政上の慣行を停止すること。
(b)　必要な場合には法律の制定により、教育機関への生徒の入学について差別が行なわれないようにすること。
(c)　授業料について、ならびに生徒に対する奨学金その他の形態の援助の供与ならびに外国で研究を続行するために必要な許可および便宜の供与について、能力またはニーズに基づく場合のほか、公的機関による国民間の異なる取扱いを許さないこと。
(d)　公的機関が教育機関に与えるいかなる形態の援助においても、生徒が特定の集団に属することのみを根拠とする制限または優先を許さないこと。
(e)　自国の領域内に居住する外国人に対し、教育について自国民と同等のアクセスを保障すること。
203　経済的、社会的及び文化的権利に関する国際規約の実施に関する1986年6月6日のリンブルグ原則（UN Doc. E/CN.4/1987/17, 1987）、パラ35-41（reproduced in *Human Rights Quarterly* 9, 1987, pp.122-135)。

対しても、その法的地位に関わりなく適用されるものである。

　平等原則はさらに、教育面でとくに差別を受けやすく、したがって特別な政策を必要とする**特定の集団**に対し、特別な注意が向けられなければならないことも含意する。このような子どもに提供される教育は、その具体的教育ニーズに合わせたものであるべきである。換言すれば、教育はこのような子どもに「適合可能」でなければならない[204]。

　女児が教育面で不利な立場に置かれており、したがって特別の注意を向けられるのにふさわしい存在であることは、明らかである。教育における男女平等は、10年以上にわたっていくつかの国際サミット・国際会議の焦点となってきており[205]、ミレニアム開発目標でも2005年に部分的に達成されているべき目標として挙げられており[206]、教育についての特別報告者の主要な関心事項のひとつにも位置づけられてきた[207]。にもかかわらず、現在学校に行っていない1億2,100万人の子どもの過半数は依然として女児である[208]。したがってCRC委員会は、すでに総括所見の中で[209]、また女児に関する一般的討議の際に[210]繰り返しそうしてきたように、引き続き女子

---

[204] 前掲注63参照。
[205] このことはとくに次の会議について当てはまる：万人のための教育に関する世界会議（1990年、ジョムティエン、「万人のための教育に関する世界宣言」3条3項、o.c. (note 42)）；子どものための世界サミット（1990年、「1990年代における子どもの生存、保護および発達に関する世界宣言を実施するための行動計画」、パラ10）；世界女性会議（1995年、北京、「行動綱領」〔UN Doc. A/CONF.177/20/Rev.1, 1996〕、パラ263・279）；世界女性会議のフォローアップのための国連総会特別会期（2000年、「北京宣言および行動綱領実施のためのさらなる行動とイニシアチブ」（UN Doc. A/RES/S-23/3, 2000）パラ9・10；世界教育フォーラム（2000年、ダカール、「ダカール行動枠組み」7条(ii)および(v)・8条(vi)、o.c. (note 42)）。K. Annan, *We the Children, Meeting the promises of the World Summit for Children*, o.c. (note 52), pp.57-59 and 71も参照（これは子どもに関する国連総会特別会期（2002年）のための準備文書である）。
[206] 初等・中等教育における男女差別の解消は2005年、すべての段階における解消は2015年までに達成することが目指されている（国連ミレニアム開発目標、http://www.un.org/millenniumgoals〔日本語訳（国連開発計画東京事務所訳）はhttp://www.undp.or.jp/mdg/mdgs.html〕）。
[207] K. Tomaševsiki, *Preliminary report of the Special Rapporteur on the right to education* (UN Doc. E/CN.4/1999/49, 1998), paras.9, 41, 53-56, 60, 73-74; K. Tomaševsiki, *Progress Report of the Special Rapporteur on the Right to Education 1999/25* (UN Doc. E/CN.4/2000/6, 2000), paras.56-60; K. Tomaševsiki, *Annual Report of the Special Rapporteur on the Right to Education 2000/9* (UN Doc. E/CN.4/2001/52, 2001), paras.7-8; K. Tomaševsiki, *Annual Report of the Special Rapporteur on the Right to Education 2001/29* (UN Doc. E/CN.4/2002/60, 2002), paras.40-45; K. Tomaševsiki, *The Right to education, Annual Report of the Special Rapporteur on the right to education 2003* (UN Doc. E/CN.4/2004/45, 2002), paras.31-34; and K. Tomaševsiki, *Education Denied*, o.c. (note 53), pp.158-171。
[208] C. Bellamy, *The State of the World's Children 2004, Girls, Education and Development*, o.c. (note 174), p.31.

教育に焦点を当てている。委員会はとくに、女児が教育に効果的にアクセスできるべきことを強調し、ステレオタイプの撤廃における人権教育の重要性を取り上げ[211]、また男女差に関する親の意識を高めるための措置を勧告してきた[212]。上述したように、CRC委員会は、妊娠、学校における人権侵害を理由とする女児の中途退学を防止するための勧告もいくつか行なっている（前掲26参照）。教育における女子の機会の平等に関わるCRC委員会の勧告は、女性差別撤廃条約10条に一致するものである。この条約には、男女の役割に関する定型化された概念の撤廃、男女共学の奨励、教科書の改訂、指導方法の調整、男女間に存在する教育上の格差の減少および女子の中途退学率の減少を含む、具体的な積極的義務が数多く掲げられている。

　教育上の権利を行使するうえで困難に直面しているもうひとつの特別な集団は、**農村部に住んでいる子ども**である。これは、遠隔地でサービスを提供することに行政上のコストおよび困難が伴うこと、田舎に住む覚悟がある教員が少ないこと、農家が子どもの労働に依存していること、学校カリキュラムが農村部の生活との関連性を有していないと思われることなど、数多くの要因による[213]。CRC委員会は、このような子どもの教育に特別な注意を向けるよう、締約国に繰り返し勧告してきた[214]。たとえばポーランドについては、都市部の学校と同一の質の教育および同一水準の課外プログラム

---

[209] たとえば次の国に対するCRC委員会の総括所見を参照：エジプト（UN Doc. CRC/C/16, 1993)、パラ104；パキスタン（UN Doc. CRC/C/29, 1994)、パラ55；レバノン（UN Doc. CRC/C/54, 1996)、パラ50；サウジアラビア（UN Doc. CRC/C/103, 2001)、パラ413-414；マリ（UN Doc. CRC/C/90, 1999)、パラ223；ベナン（UN Doc. CRC/C/87, 1999)、パラ159；イラク（UN Doc. CRC/C/80, 1998)、パラ74；セネガル（UN Doc. CRC/C/46, 1995)、パラ126・139；パキスタン（UN Doc. CRC/C/29, 1994)、パラ41・55；ジブチ（UN Doc. CRC/C/97, 2000)、パラ556；モザンビーク（UN Doc. CRC/C/114, 2002)、パラ306；エチオピア（UN Doc. CRC/C/103, 2001)、パラ183。

[210] CRC委員会「女児に関する一般的討議」(UN Doc. CRC/C/38, 1995)、パラ289-290。

[211] たとえば次の国に対するCRC委員会の総括所見を参照：エルサルバドル（UN Doc. CRC/C/20, 1993)、パラ93；ユーゴスラビア連邦共和国（セルビアモンテネグロ）（UN Doc. CRC/C/50, 1996)、パラ108；朝鮮民主主義人民共和国（UN Doc. CRC/C/15/Add.239, 2004)、パラ55。

[212] たとえばエジプトに対するCRC委員会の総括所見（UN Doc. CRC/C/16, 1993)、パラ104を参照。

[213] R. Hodgkin and P. Newell, *o.c.* (note 79), p.414.

[214] たとえば次の国に対するCRC委員会の総括所見を参照：ヨルダン（UN Doc. CRC/C/29, 1994)、パラ131；コロンビア（UN Doc. CRC/C/38, 1995)、パラ96；イエメン（UN Doc. CRC/C/50, 1996)、パラ63・71；レソト（UN Doc. CRC/C/103, 2001)、パラ361-362；グルジア（UN Doc. CRC/C/97, 2000)、パラ187；ポーランド（UN Doc. CRC/C/121, 2002)、パラ538。

を提供できるだけの追加的資金を農村部に提供することや、農村部の生徒が中等教育に進学できるように奨学金制度へのアクセスを確保することが、政府に対して勧告されている[215]。

　マイノリティ[216]または先住民族[217]に属する子どもへの差別も、CRC委員会の総括所見において、また先住民族の子どもに関する一般的討議[218]の際に、しばしば懸念の対象となってきた。このような子どもにとって重要なのは、教育が、より幅広い社会へのこのような子どもの統合を促進するのと同時に、マイノリティとしてのまたは先住民族としてのアイデンティティを積極的に強化することである[219]。後者の点は、とくに、教育においてマイノリティ・先住民族の言語を用いることで実現することができる。条約そのものも、30条において、民族的・宗教的・言語的マイノリティに属する子どもまたは先住民族である子どもが、その集団の他の構成員とともに自己の文化を享有し、自己の宗教を信仰しかつ実践し、または自己の言語を使用する権利を否定されてはならないと定めている[220]。同条では、自己の言語で教育を受ける権利が子どもに明示的に認められているわけではないが、CRC委員会はこの規定を用いて、マイノリティまたは先住民族に属する子どもの教育権を実現するにあたって多言語教育が重要であることを強調してきた[221]。委員会のこのような見解は、ユネスコ・教育における差別を禁止する条約5条、国民的または民族的、宗教的および言語的マイノリティに属する者の権利に関する宣言[222]4条3項、ILO・独立国における先住民族および種族民に関する第169号条約（1989年）28条、地域言語またはマイノリティ言語に関する欧州憲章[223]8条、国民的マイノリティの保護のための枠組み条約[224]14条に合致している。マイノリティ言語による教育の問題については後掲37

215　ポーランドに対するCRC委員会の総括所見（UN Doc. CRC/C/121, 2002）、パラ538参照。
216　たとえば次の国に対するCRC委員会の総括所見を参照：中国（UN Doc. CRC/C/54, 1996）、パラ123・144；スロバキア（UN Doc. CRC/C/100, 2000）、パラ590–591；旧ユーゴスラビア・マケドニア共和国（UN Doc. CRC/C/94, 2000）、パラ280–281；スペイン（UN Doc. CRC/C/118, 2002）、パラ509・511・518。
217　たとえば次の国に対するCRC委員会の総括所見を参照：カナダ（UN Doc. CRC/C/43, 1995）、パラ85・94；メキシコ（UN Doc. CRC/C/90, 1999）、パラ187。
218　CRC委員会「先住民族の子どもの権利に関する一般的討議」（UN Doc. CRC/C/133, 2003）、パラ608–624。
219　この問題についてはH. Cullen, 'Education Rights or Minority Rights', *International Journal of Law and the Family* 7, 1993, pp.143-177参照。
220　この条は自由権規約27条を引き写したものであり、マイノリティの子どもに加えて先住民族の子どもに対しても保護を及ぼしている点のみが異なる。

で詳しく取り上げている。

　委員会は、**国内避難民の子ども、難民の子ども**[225]および**移住者の子ども**[226]に関しても、その教育における差別について繰り返し懸念を表明してきた。委員会は、あらゆる段階の教員を対象として移住者の教育に関する特別プログラムが設けられたことを歓迎したり[227]、教育の分野等で難民・庇護希望者の子どもの十分な保護を確保するための包括的立法を採択するよう政府に勧告したり[228]している。後者の勧告は、難民の地位に関する条約（1951年）22条[229]に合致するものである。

　武力紛争の影響を受けている子どもも、教育についての権利を否定さ

221　この点は報告ガイドラインから明らかである。そこには、子どもが地域言語、先住民族の言語またはマイノリティの言語で授業を受けられることを確保するために締約国がとった措置に関わる質問が掲げられている：CRC委員会「条約44条1項(b)に基づいて締約国によって提出される定期報告書の形式および内容に関する一般指針」（UN Doc. CRC/C/58, 1996）、パラ106。この点について対応していない国は、CRC委員会から、多言語教育を整備するよう勧告されている。たとえば次の国に対するCRC委員会の総括所見を参照：グアテマラ（UN Doc. CRC/C/54, 1996）、パラ227；ミャンマー（UN Doc. CRC/C/62, 1997）、パラ153・173；中央アフリカ共和国（UN Doc. CRC/C/100, 2000）、パラ467-468；スロバキア（UN Doc. CRC/C/100, 2000）、パラ590-591；グルジア（UN Doc. CRC/C/97, 2000）、パラ128-129；スリナム（UN Doc. CRC/C/97, 2000）、パラ499-500；旧ユーゴスラビア・マケドニア共和国（UN Doc. CRC/C/94, 2000）、パラ282-283；エストニア（UN Doc. CRC/C/124, 2003）、パラ65；ユーゴスラビア連邦共和国（セルビアモンテネグロ）（UN Doc. CRC/C/50, 1996）、パラ86・97・108；コロンビア（UN Doc. CRC/C/100, 2000）、パラ375；グアテマラ（UN Doc. CRC/C/108, 2001）、パラ274；ベラルーシ（UN Doc. CRC/C/118, 2002）、パラ250。また、CRC委員会「先住民族の子どもの権利に関する一般的討議」（UN Doc. CRC/C/133, 2003）、パラ608-624も参照。
222　国民的または民族的、宗教的および言語的マイノリティに属する者の権利に関する宣言、1992年12月18日採択（UN Doc. A/RES/47/135）。
223　地域言語またはマイノリティ言語に関する欧州憲章（欧州評議会）、1992年11月5日採択・1998年3月1日発効。
224　国民的マイノリティの保護のための枠組み条約（欧州評議会）、1995年2月1日採択・1998年2月1日発効。
225　たとえば次の国に対するCRC委員会の総括所見を参照：ノルウェー（UN Doc. CRC/C/29, 1994）、パラ177；デンマーク（UN Doc. CRC/C/38, 1995）、パラ199；ベルギー（UN Doc. CRC/C/43, 1995）、パラ104；スリランカ（UN Doc. CRC/C/43, 1995）、パラ154・172；ジブチ（UN Doc. CRC/C/97, 2000）、パラ556；ブルンジ（UN Doc. CRC/C/100, 2000）、パラ152-153；フィンランド（UN Doc. CRC/C/100, 2000）、パラ76；スペイン（UN Doc. CRC/C/118, 2002）、パラ512-513。
226　たとえばアイスランドに対するCRC委員会の総括所見（UN Doc. CRC/C/132, 2003）、パラ512-513を参照。
227　たとえばアイスランドに対するCRC委員会の総括所見（UN Doc. CRC/C/50, 1996）、パラ132を参照。
228　たとえば次の国に対するCRC委員会の総括所見を参照：インド（UN Doc. CRC/C/15/Add.228, 2004）、パラ70-71；南アフリカ（UN Doc. CRC/C/15/Add.122, 2000）、パラ35；ノルウェー（UN Doc. CRC/C/15/Add.126, 2000）、パラ48・50。
229　この条では、政府は「難民に対し、初等教育に関し、自国民に与える待遇と同一の待遇を与え」なければならず、他のあらゆる種別・段階の教育については「できる限り有利な待遇」であって、「いかなる場合にも、同一の事情の下で一般に外国人に対して与える待遇よりも不利でない待遇を与え」なければならないと定められている。

れることの多い集団である。CRC委員会は、戦時においても農村部・都市部両方の子どもに教育が提供されることを確保するよう、各国に促してきた[230]。非定型的教育プログラムの提供を通じて、また該当地域における校舎・学校設備の再建を優先させることなどにより、このような子どもが教育制度に再統合されるようにするために効果的な措置をとることが奨励されている[231]。子ども兵士に関しては、リハビリテーションおよび再統合のためのプログラムを確立するよう助言が行なわれている[232]。

　さらに、**障害をもつ子ども**にもその潜在的可能性を最大化する教育を受ける権利があるが、現実には差別されることが多い。そこでCRC23条3項は、障害児が教育に効果的にアクセスし、かつ教育を受けることを確保するための措置をとるよう、各国に明示的に義務づけている[233]。CRC委員会は、障害をもつ子どもを対象とした特別教育プログラムを設置すること[234]とともに、実行可能な場合にはメインストリームの学校に障害児を統合すること[235]を勧告してきた。ホジキンとニューウェルによれば、CRC23条3項にいう「障害を有する子どもが可能な限り社会への統合……を達成することに資する方法で」の表現は、後者、すなわちインクルーシブな教育のほうが望ましいことを明らかにしている[236]。条約のこの立場は一般的傾向に合致す

---

[230] たとえばモザンビークに対するCRC委員会の総括所見(UN Doc. CRC/C/114, 2002)、パラ312を参照。また、CRC委員会「武力紛争における子どもに関する一般的討議」(UN Doc. CRC/C/10, 1992)、パラ73も参照。
[231] たとえば次の国に対するCRC委員会の総括所見を参照：スリランカ(UN Doc. CRC/C/132, 2003)、パラ272；インドネシア(UN Doc. CRC/C/15/Add.223, 2004)、パラ72；ミャンマー(UN Doc. CRC/C/15/Add.237, 2004)、パラ67。
[232] たとえばコロンビアに対するCRC委員会の総括所見(UN Doc. CRC/C/100, 2000)、パラ379を参照。
[233] 欧州社会憲章15条1項、障害者の権利に関する宣言(1975年12月9日採択)の原則6、障害者の機会均等化に関する基準規則(1993年12月20日採択、UN Doc. A/RES/48/96)の規則6も参照。
[234] ただし、教育のための別個の施設に障害児を義務的に隔離する法律は改正されなければならない：CRC委員会「障害をもつ子どもに関する一般的討議」(UN Doc. CRC/C/66, 1997, Annex V)、パラ338(d)。
[235] たとえば次の国に対するCRC委員会の総括所見を参照：アゼルバイジャン(UN Doc. CRC/C/66, 1997)、パラ296；英国-マン島(UN Doc. CRC/C/100, 2000)、パラ195；ニジェール(UN Doc. CRC/C/118, 2002)、パラ179-180；スイス(UN Doc. CRC/C/118, 2002)、パラ347；ドミニカ(UN Doc. CRC/C/15/Add.238, 2004)、パラ37；イエメン(UN Doc. CRC/C/50, 1996)、パラ63・71；韓国(UN Doc. CRC/C/50, 1996)、パラ171；ブルンジ(UN Doc. CRC/C/100, 2000)、パラ138・150；コロンビア(UN Doc. CRC/C/100, 2000)、パラ373；チュニジア(UN Doc. CRC/C/118, 2002)、パラ291-292；ニュージーランド(UN Doc. CRC/C/133, 2004)、パラ152。思春期の子どもについて、CRC委員会「一般的意見4号：子どもの権利条約の文脈における思春期の健康および発達」(UN Doc. CRC/GC/2003/4, 2003)、パラ19も参照。
[236] R. Hodgkin and P. Newell, *o.c.* (note 79), p.415.

るものである。さまざまな国の裁判所は、インクルーシブであること、すなわち障害をもつ学習者を普通学校に統合すべきことを宣言している[237]。ただし、インクルーシブな教育のためには、教員と学校が多種多様な能力およびニーズをもつ学習者への適合を図らなければならない[238]。CRC委員会は、このことがもたらす財政的・実際的帰結を考慮に入れるがゆえに、実行可能な場合にのみこのような対応をとるよう求めている。

罪を犯した少年は、適切な教育を否定されることが多いもうひとつのカテゴリーである。そこでCRC40条4項は、非行を行なった少年に対して教育プログラムが利用可能とされなければならないことを、明示的に保障している。CRC委員会は、自由を奪われた子どもが教育についての法律上の権利を保障され、かつ実際にも教育を受け続けられることを確保するためにあらゆる必要な措置をとるよう、各国に促している[239]。

ストリート・チルドレンは、教育についての権利を行使するうえで諸問題に直面するのが常である。CRC委員会は、このような子どもが引き続き教育にアクセスできることを確保するよう各国に奨励するとともに、学校カリキュラムをこのような子どもたちに適合させるようにも奨励している[240]。

働く子どもに関しては、CRC委員会は――CRC32条に従って――児童労働が子どもの教育の妨げとなってはならないことを強調している。各国は、このようなことがないようにするため、児童労働を防止・撤廃すること[241]、ま

---

[237] K. Tomaševsiki, *Right to Education Primer 3: Human rights obligations: making education available, accessible, acceptable and adaptable*, o.c. (note 3), p.32. 障害者の機会均等化に関する基準規則（1993年12月20日採択、UN Doc. A/RES/48/96）の規則6も参照。

[238] 社会権規約委員会「一般的意見5号：障害をもつ人（1994年）」（UN Doc. HRI/GEN/1/Rev.7, 2004, p.32)、パラ35。

[239] たとえば次の国に対するCRC委員会の総括所見を参照：セーシェル諸島（UN Doc. CRC/C/121, 2002)、パラ215；ルクセンブルグ（UN Doc. CRC/C/79, 1998)、パラ280；パラグアイ（UN Doc. CRC/C/111, 2001)、パラ521；英国（UN Doc. CRC/C/121, 2002)、パラ154；ウクライナ（UN Doc. CRC/C/121, 2002)、パラ364；エルサルバドル（UN Doc. CRC/C/15/Add.232, 2004)、パラ58。

[240] たとえば次の国に対するCRC委員会の総括所見を参照：ブルンジ（UN Doc. CRC/C/100, 2000)、パラ155；ガボン（UN Doc. CRC/C/114, 2002)、パラ239；モザンビーク（UN Doc. CRC/C/114, 2002)、パラ318；ザンビア（UN Doc. CRC/C/132, 2003)、パラ220；ハイチ（UN Doc. CRC/C/124, 2003)、パラ445；スーダン（UN Doc. CRC/C/121, 2002)、パラ287；インド（UN Doc. CRC/C/15/Add.828)、パラ77；パキスタン（UN Doc. CRC/C/133, 2004)、パラ245；マダガスカル（UN Doc. CRC/C/133, 2004)、パラ315。

[241] たとえば次の国に対するCRC委員会の総括所見を参照：モーリシャス（UN Doc. CRC/C/50, 1996)、パラ189；フランス（UN Doc. CRC/C/29, 1994)、パラ105；バングラデシュ（UN Doc. CRC/C/66, 1997)、パラ167。

た就業が認められるための最低年齢が義務教育の終期と一致するようにすること[242]を勧告されてきた。義務教育修了年齢と就業が認められるための最低年齢との結びつきは、ILO第138号2条3項や欧州社会憲章（1961年〔1996年改正〕）7条3項でも強調されている。教育についての権利に関する特別報告者も、この結びつきがさらに受入れられるようにするために多くの努力を傾けてきた[243]。CRC委員会は、各国は少なくとも、働く子どもに適合した教育プログラムを提供するべきであると提案している[244]。この見解は、教育についての権利に関する特別報告者も共有しているところである[245]。

　HIV/AIDSの影響を受けている子どもの教育に関しては、CRC委員会は、感染した子どもが学校に残れるようにし、また教員が罹患した場合に資格のある代替教員を確保することによって子どもの定期的通学に影響が出ないようにするために十分な体制を整えるよう、締約国に勧告してきた[246]。親族の死亡によって子どもの教育へのアクセスが縮小されるという影響も、最小限に留められなければならない[247]。委員会はさらに、学校カリキュラムにHIV/AIDSの問題（ライフスキルの教育を含む）を取り入れるようにも勧

242　たとえば次の国に対するCRC委員会の総括所見を参照：チュニジア（UN Doc. CRC/C/43, 1995）、パラ125；グアテマラ（UN Doc. CRC/C/54, 1996）、パラ205・231；ドミニカ（UN Doc. CRC/C/15/Add.238, 2004）、パラ20。思春期の子どもについて、CRC委員会「一般的意見4号：子どもの権利条約の文脈における思春期の健康および発達」（UN Doc. CRC/GC/2003/4, 2003）、パラ18も参照。
　就業が認められるための最低年齢は、義務教育を修了して長期間経った時点に定められてもならない。義務教育を終えたものの就業が認められるための最低年齢には達していない子どもが、経済的搾取の危険にさらされやすくなるためである。たとえば次の国に対するCRC委員会の総括所見を参照：ニカラグア（UN Doc. CRC/C/43, 1995）、パラ41；ウクライナ（UN Doc. CRC/C/46, 1995）、パラ54・63。教育についての権利に関する特別報告者の見解も参照：K. Tomaševsiki, *Annual Report of the Special Rapporteur on the Right to Education 2000/9* (UN Doc. E/CN.4/2001/52, 2001), para.28; K. Tomaševsiki, *Annual Report of the Special Rapporteur on the Right to Education 2002/23* (UN Doc. E/CN.4/2003/9, 2003), para.12。
243　K. Tomaševsiki, *Progress Report of the Special Rapporteur on the Right to Education 1999/25* (UN Doc. E/CN.4/2000/6, 2000), paras.61-62; K. Tomaševsiki, *Annual Report of the Special Rapporteur on the Right to Education 2000/9* (UN Doc. E/CN.4/2001/52, 2001), para.28; K. Tomaševsiki, *Annual Report of the Special Rapporteur on the Right to Education 2002/23* (UN Doc. E/CN.4/2003/9, 2003), paras.12-13.
244　たとえば次の国に対するCRC委員会の総括所見を参照：ベネズエラ（UN Doc. CRC/C/90, 1999）、パラ55；ホンジュラス（UN Doc. CRC/C/34, 1994）、パラ58；ギニアビサウ（UN Doc. CRC/C/118, 2002）、パラ81；スーダン（UN Doc. CRC/C/121, 2002）、パラ283。
245　K. Tomaševsiki, *Progress Report of the Special Rapporteur on the Right to Education 1999/25* (UN Doc. E/CN.4/2000/6, 2000), paras.64-65.
246　CRC委員会「一般的意見3号：HIV/AIDSと子どもの権利」（UN Doc. CRC/GC/2003/3, 2003）、パラ18。

告してきた[248]。

このほか、CRC委員会はいくつかの国に対し、**学習上の困難をもつ子どものためのサービスをさらに発展させるように**促したこともある[249]。

1.3 教育を選択する自由

35. 教育は親にとって「受入れ可能」でなければならないという、いくつかの伝統的な教育権概念は28条には含まれていない。これは主として、子どもに与える教育の種類を自己の宗教的および道徳的信念に従って選択する親の自由[250]と、国が運営する学校以外の学校に子どもを就学させる親の自由[251]に関わるものである。

36. 子どもの教育において自己の宗教的および道徳的信念を尊重される親の権利については、28条でも、CRCの他の条項でも何ら言及されていない。ただし、28条1項をCRC5条および14条2項とあわせて解釈することによって、この権利を導き出すことができる。5条は、子どもの発達しつつある能力にふさわしい指導を行なう親の権利および責任の尊重義務を国に課した

---

[247] たとえば次の国に対するCRC委員会の総括所見を参照：中央アフリカ共和国（UN Doc. CRC/C/100, 2000）、パラ454；ザンビア（UN Doc. CRC/C/132, 2003）、パラ202；インド（UN Doc. CRC/C/15/Add.228, 2004）、パラ55。
[248] CRC委員会「一般的意見3号：HIV/AIDSと子どもの権利」（UN Doc. CRC/GC/2003/3, 2003）、パラ17-18；CRC委員会「AIDSが存在する世界で暮らす子どもに関する一般的討議」（UN Doc. CRC/C/79, 1998, Annex VI）、パラ243。
[249] たとえばドイツに対するCRC委員会の総括所見（UN Doc. CRC/C/15/Add.226, 2004）、パラ53を参照。
[250] 伝統的に、この権利は親に対して明示的に認められてきた。世界人権宣言26条3項、社会権規約13条3項、自由権規約18条4項、ユネスコ・教育における差別を禁止する条約5条1項(b)、経済的、社会的および文化的権利の分野における米州人権条約のサンサルバドル議定書13条4項参照。
　CRCの起草中も、親の権利を明示的に含めることが強く要請されている：*Travaux Préparatoires* (UN Docs. E/CN.4/1292, 1978, pp.124-125; E/CN.4/1985/64, 1985, paras.62 and 82; E/CN.4/1988/WP.1/Rev.1, 1988, Article 15, para.3; E/CN.4/1989/48, 1989, paras.459 and 472), most of it reproduced in S. Detrick (ed.), *The United Nations Convention on the Rights of the Child: A Guide to the "Travaux Préparatoires"*, o.c. (note 88), pp.384, 385, 391, 394。最終的に、このような言及は不必要であると見なされた。親の権利および義務については条約の他の箇所で取り上げられているためである：*Travaux Préparatoires* (UN Doc. E/CN.4/1989/48, 1989), paras.462 and 472; reproduced in S. Detrick (ed.), *The United Nations Convention on the Rights of the Child: A Guide to the "Travaux Préparatoires"*, o.c. (note 88), pp.392 and 394。バチカン市国はこのような言及がないことに懸念を示し、留保を付した：UN Doc. CRC/C/2/Rev.8, 1999, p.38。
[251] 社会権規約13条3項で明示的に保障されている。

規定である。14条2項では、思想・良心・宗教の自由についての子どもの権利は親の適切な指導に服するものとされている。したがって、CRCの締約国は、国が提供する教育において親の宗教的および道徳的信念を看過することはできない。社会権規約委員会によれば、この義務は、宗教・倫理の一般的歴史のような科目を公立学校で教える際、意見・良心・表現の自由を尊重する、偏見のない客観的な方法がとられなければならないことを意味する。特定の宗教または信念に関する授業を含む公教育は、親および保護者の希望に適合する、差別的でない免除または代替的対応が行なわれないかぎり、第13条3項に一致しない[252]。欧州人権裁判所および自由権規約委員会も、この問題については明確な立場をとっている。すなわち、親の宗教的および哲学的信念を尊重するということは、国は、客観的および多元的なカリキュラムを確保するとともに、生徒への思想注入は控えなければならないということである[253]。

　28条1項をCRC5条および29条2項とあわせて解釈した場合に導き出せる――そして社会権規約13条3項で明示的に保障されている――もうひとつの親の権利は、公立学校以外の学校に子どもを就学させる親の自由である。ただし、国が定める最低基準にその学校が適合していることを条件とする。CRC29条2項は私立学校を設置する個人および団体の自由を保障しているので、CRCの締約国が、親が子どもをこのような学校に就学させるのを認めなければならないのは明らかである。

　しかし、伝統的な人権法[254]との違いは、教育の自由選択はもはや親の排他的特権ではないということである。子どもの教育について親が黙示的に有している上述の権利は、子どもの最善の利益[255]および子どもの発達しつ

252　社会権規約委員会「教育についての権利に関する一般的意見13号」(UN Doc. E/C.12/1999/10, 1999)、パラ28。
253　Eur. Court HR, Kjeldsen, *Busk Madsen and Pedersen v. Denmark*, 7 December 1976, Series A, No.23, para.53 and Human Rights Committee, *Communication N0.40/1978, Hartikainen v. Finland,* 30 September 1978 (UN Doc. CCPR/C/12/D/40/1978, 1978), para.10.4.
254　教育についての権利を侵害するような親の行動から子どもが保護されなければならないことは欧州人権裁判所も認めているが(Eur. Court HR, *Kjeldsen, Busk Madsen and Pedersen v. Denmark,* 7 December 1976, Series A, No.23, para.53 and Eur. Court HR, *Martins Casimiro and Ferreira v. Luxemburg,* admissibility decision of 27 April 1999)、子どもが教育についての権利を脅かさない親の行動からも保護されなければならないかという問題については、まだ判例がない。たとえば親の宗教的・哲学的信念と子どものそれが衝突する場合に、この点が問題となる。

つある能力[256]といったCRCの基本的原則に服する。親の権利はさらに、寛容および他者の尊重を促進するような教育を受ける子どもの権利[257]や子どもの参加権[258]など、条約に基づいて子ども自身が有する他の諸権利と衡量されなければならない。プライバシー権（CRC16条）や非差別原則に対する権利（CRC2条）も、この文脈において関連性を有する権利である。CRC委員会によれば、子どもの信仰を明らかにして正式な申請を行なわなければ義務的宗教教育への不参加を認めない教育政策は、この2つの権利を侵害する場合がある[259]。宗教の自由についての子どもの権利（CRC14条）も、この文脈においては同様に考慮されなければならない。CRC委員会は、生徒が宗教の授業の代わりに倫理の授業に出席するために親の同意を得なければいけない状況について、懸念を表明したことがある[260]。バン・ボーレンは、子どもには自己の教育が自分自身の宗教的・道徳的信念に合致したものとなるようにするのに役立つ決定に参加する権利があると、指摘している。これは、28条1項、5条、14条2項および12条をあわせて解釈した場合に導き出せる権利である[261]。このような解釈は、何人も自己の信念と相容れない宗教教育を受けることを強制されてはならない[262]とする、ユネスコ・教育における差別を禁止する条約5条1項(b)とも合致している。このように、CRCでは、子ども自身にも自己の教育の選択について発言権があることを予定していると結論づけてよいかもしれない。したがって、宗教教育または学校選択について親の信念との間に衝突が生じた場合、CRCは、親の権利と子どもの権利との間で均衡のとれたアプローチをとるよう求めているのであって、子どもの見解をあらかじめ排除することは禁じているのである。

255　CRC3条。
256　CRC5条、12条1項および14条2項。
257　CRC29条。
258　この文脈ではとくにCRC12～14条。
259　たとえばノルウェーに対するCRC委員会の総括所見(UN Doc. CRC/C/29, 1994)、パラ162・176参照。
260　たとえばポーランドに対するCRC委員会の総括所見（UN Doc. CRC/C/15/Add.194, 2002)、パラ33参照。
261　G. Van Bueren, *The International Law on the Rights of the Child, o.c.* (note 18), p.243. また G. Van Bueren, 'Education: Whose Right is it Anyway' in: L. Hefferman (ed.), *Human Rights, A European perspective* (Dublin, Colour Books Ltd, The Round Hall Press and individual contributors, 1994), p.346も参照。
262　この文言は、国による思想注入からの保護を保障するのみならず、親が課す宗教教育から子どもを保護する根拠ともなりうる。

37. 最後に、教育の自由選択の最後の側面に触れておかなければならない。すなわち自ら選択した言語による教育である。28条1項ではこのような権利に触れていない。欧州人権裁判所[263]の判例でも、欧州人権条約上、言語に関わる親の意向に従って教育を整備する義務は国にはないことが明らかにされている。欧州人権裁判所が認めているのは、国の公用語（複数の公用語が定められている場合にはそのいずれか）で教育を受ける権利のみである[264]。しかし、マイノリティ言語で教育を受ける権利に向けてより柔軟なアプローチがとられるようになる傾向は、キプロス対トルコ事件から導き出すことができる。裁判所は、ギリシア語による初等教育の提供に責任を負っているトルコ系キプロス当局が、中等学校段階ではギリシア語による教育の提供を継続しないことについて、ギリシア系マイノリティに属する生徒の教育権の実体を否定するものであると結論づけた。北部で引き続き中等教育を受けるという選択肢は、当該生徒がすでにギリシア語で初等教育を受けてきたことに鑑み、非現実的であるとされた。もうひとつの選択肢は南部のギリシア系キプロス学校に子どもを就学させることであるが、これは家族生活に過大な負担を課すものと捉えられた[265]。このように、欧州人権裁判所は、マイノリティ言語で教育を受ける一般的権利は承認していないものの、国がマイノリティ言語による教育の整備について責任を負っているのであれば、マイノリティ集団に属する生徒および親の権利（本件においては中等段階で教育を受ける権利および家族生活を尊重される権利）が侵害されないような方法をとらなければならないと強調した。クーマンズも、マイノリティの保護に関する現代人権法を踏まえ、国には最低限、国民的・民族的・宗教的マイノリティの構成員が公教育制度の枠外にある機関で第一言語による教育を受ける権利を妨げないようにする義務があるとしている。ただし、このような機関に助成する義務までともなうものではない[266]。CRCでは言語的マイノリティに属する子どもが自己の言語を使用する権利が保護

---

263 以下、注では 'ECtHR'.〔訳注／注253・254では 'Eur. Court HR' とされている〕
264 ECtHR, *Belgian Linguistic Case,* 23 July 1978, Series A, No.6, paras.7 and 3.
265 ECtHR, *Cyprus v. Turkey,* 10 May 2001, Reports 2001-IV, para.278.
266 F. Coomans, 'In search of the core content of the right to education', *l.c.* (note 3), pp.230-231.

されていること(CRC30条)、またCRC委員会が、教育におけるマイノリティ・先住民族差別と闘う適切な措置として多言語教育の整備を勧告していること(前掲34参照)を踏まえれば、欧州人権裁判所の見解およびクーマンズの結論はCRC28条1項で保障されていると推定することができよう。

38. 国際人権法においては、教育を選択する自由とともに、個人および団体が教育機関を設置・管理する自由が保障されていることも、取り上げておく価値がある。この自由は、CRC28条では明示的にも黙示的にも掲げられていない。CRCの主な教育条項であるもうひとつの規定、すなわち29条の2項に定められた自由である[267]。同項についてはこのCRCコンメンタールの別巻で取り上げられているので、ここでは触れない。

1.4 締約国の義務の性質

39. 28条1項は、締約国に、積極的・消極的性質を有するいくつかの明確な義務を課している。

40. 28条1項に定められた義務のほとんどは積極的性質のものである。これらの義務は国がより積極的政策をとることを要求しており、「保護する」義務と「充足する」義務に分類することができる[268]。「保護する」義務は、締約国に対し、第三者が教育についての権利の享受に干渉することを防止するための措置をとること、すなわち教育についての権利の水平的関係における行使を保障することを求めるものである。この意味では、国はとくに、私的教育機関が行なう教育における差別を防止しかつこれと闘うとともに、親や雇用者が子ども(とくに女児)の通学を妨げないようにするための措置

---

[267] 社会権規約13条4項と、経済的、社会的および文化的権利の分野における米州人権条約のサンサルバドル議定書13条5項でも明示的に保障されている。

[268] 社会権規約委員会「教育についての権利に関する一般的意見13号」(UN Doc. E/C.12/1999/10, 1999)、パラ47。またA. Eide, 'Economic, Social and Cultural Rights as Human Rights', in: A. Eide, C. Krause, A. Rosas (eds.), *Economic, Social and Cultural Rights* (Dordrecht/Boston/London, Martinus Nijhoff Publishers, 2001), pp.23-24や、経済的、社会的および文化的権利の侵害に関するマーストリヒト指針(UN Doc. E/CN.12/2000/13, 2000; reproduced in *Human Rights Quarterly* 20, 1998, pp.691-705)、パラ6も参照。

をとらなければならない。「充足する」義務を果たすためには、国は、さまざまな種別の教育をすべての者に利用可能・アクセス可能とし、かつその実現の水準を維持するために種々の措置をとる必要がある[269]。このカテゴリーに該当する義務は、さらに「促進する」義務と「提供する」義務に細分することができる。「促進する」義務は、締約国に対し、個人およびコミュニティが教育についての権利を享受することを可能にしかつ援助する、積極的措置をとるよう求めるものである。たとえば28条1項は、教育における実質的平等を確保し、中途退学を減少させ、かつ子どもの教育を妨げる児童労働を禁ずるために積極的措置をとる義務を、締約国に課している。最後に、締約国には教育を「提供する」義務が存する。締約国は、初等・中等・高等教育段階で教育を直接提供する第一次的責任を負っているのである[270]。締約国はとくに、教室の建設、プログラムの実施、教材の供給、教員養成、教員に対する国内的競争力のある給与の支払いなどを通じ、学校制度の発展を確保しなければならない[271]。これまでの記述から明らかなように、28条1項に基づく締約国の充足義務の範囲は各教育段階ごとに異なる。

41. これらの積極的義務は、「漸進的に」(CRC28条1項)、また「自国における利用可能な手段の最大限の範囲内で」(CRC4条)充足することができる。

　28条1項で用いられているいくつかの概念は、締約国の義務の漸進的性質を明らかにするものである。第1に、28条1項の頭書きで用いられている「認める」(recognize)という動詞は、漸進的実現という考え方と緊密に関連している。実際、社会権規約13条2項の起草過程では、この概念について次のような説明が行なわれていた。「認めるとは、なによりも、明確に定められた一定の目標を達成するために自国の権限の範囲内であらゆることを実行する義務を、国が受け入れなければならないということを意味する。ただし、特定の期間内の達成を約束する必要はない。率直なところ、目標は

269　F. Coomans, 'In search of the core content of the right to education', l.c. (note 3), p.243.
270　社会権規約委員会「教育についての権利に関する一般的意見13号」(UN Doc. E/C.12/1999/10, 1999)、パラ48。
271　Ibid., パラ50。

ゆっくりとしたペースでしか達成できないこともあろうし、そのためにかかる時間は、各国が抱える問題の相対的規模および各国が利用できる手段によってさまざまであろう」[272]。第2に、28条1項のいくつかの号で用いられている「ものとする」（make）という動詞は、これらの義務の漸進的性質を反映しているとの主張もある[273]。最後に、28条1項における義務が漸進的性質のものであることは、28条1項の頭書きの「この権利を漸進的に……達成するため」という一文によってあらためて再確認されている。

　「漸進的実現」が盛りこまれたということは、第2世代の権利の完全な実現を短期間で達成することは、財政的その他の資源が欠如しているために一般的にはありえないことが認められたということである[274]。だからといって、最終的にこれらの権利を完全に実現する明確な義務が国にあることまで否定されるわけではない。国は、この目標に向けて可能なかぎり迅速にかつ実効的に行動するための措置を、自国においてCRCが発効した後、合理的な短期間のうちにとらなければならないのである[275]。そのような措置は、教育についての権利の完全な実現に向けた、計画的、具体的かつ目標の明確なものでなければならない[276]。教育との関連でとられる「後退的」措置は、社会権規約委員会によれば、許容されないと推定される[277]。CRC委員会も、教育予算の削減のような後退的措置は「漸進的に」の文言と両立しないと考えていると推定できる[278]。「漸進的に」の文言は28条1項の頭書きで用い

272　UN Doc. E/CN.4/AC.14/SR.1, 1951.
273　F. Coomans, 'In search of the core content of the right to education', *l.c.* (note 3), pp.222, 224 and 236.
274　CRC委員会「一般的意見5号：子どもの権利条約の実施に関する一般的措置」（UN Doc. CRC/GC/2003/5, 2003)、パラ7；社会権規約委員会「締約国の義務の性質に関する一般的意見3号（1990年）」（UN Doc. HRI/GEN/1/Rev.5, 2001)、パラ9。
275　社会権規約委員会「締約国の義務の性質に関する一般的意見3号（1990年）」（UN Doc. HRI/GEN/1/Rev.5, 2001)、パラ2・9；社会権規約委員会「教育についての権利に関する一般的意見13号」（UN Doc. E/C.12/1999/10, 1999)、パラ44。経済的、社会的及び文化的権利に関する国際規約の実施に関する1986年6月6日のリンブルグ原則、*o.c.* (note 203)、パラ21も参照。
276　社会権規約委員会「締約国の義務の性質に関する一般的意見3号（1990年）」（UN Doc. HRI/GEN/1/Rev.5, 2001)、パラ2；社会権規約委員会「教育についての権利に関する一般的意見13号」（UN Doc. E/C.12/1999/10, 1999)、パラ43。
277　社会権規約委員会「締約国の義務の性質に関する一般的意見3号（1990年）」（UN Doc. HRI/GEN/1/Rev.5, 2001)、パラ9；社会権規約委員会「教育についての権利に関する一般的意見13号」（UN Doc. E/C.12/1999/10, 1999)、パラ45。
278　R. Hodgkin and P. Newell, *o.c.* (note 79), p.411.

られているため、国は、(a)〜(e)に基づく義務を漸進的な方法で履行することが可能である。

42. CRC4条第2文から、国は「自国における利用可能な手段の最大限の範囲内で」措置をとらなければならないことが明らかである。「手段」の文言は、国内に存在する手段と、国際協力・援助を通じて国際社会から入手可能な手段の両方を指している[279]。教育に対する予算配分は、CRC委員会が焦点を当てている問題のひとつである。委員会は、報告ガイドラインにおいて、子どもに割り当てられる予算全般および各段階の教育に配分される予算の割合に関する情報を提供するよう各国に求めている[280]。締約国報告書に関する総括所見の中で、委員会は、教育に配分される予算の増加を歓迎すること[281]もあれば、(より一般的には)教育への資源の配分が不十分であることに懸念を示し[282]、教育サービスへの予算配分を確保または引き上げるよう各国に奨励すること[283]もある。ただし、国家予算の正味何割が教育に配分されるべきかについては、委員会は沈黙したままである。国が利用可能な手段を最大限可能な範囲で用いていないことで条約違反と判断されるのはどのような場合かという問題に、正確に答えることはむずかしい。保護する義務と充足する義務は結果義務であり、これらの義務を達成する手段については国に広範な裁量が委ねられていることからすると、なおさらである[284]。したがって、これらの義務の精確な内容は、国ごとにも異なるし、

---

[279] 社会権規約委員会「締約国の義務の性質に関する一般的意見3号(1990年)」(UN Doc. HRI/GEN/1/Rev.5, 2001)、パラ13。経済的、社会的及び文化的権利に関する国際規約の実施に関する1986年6月6日のリンブルグ原則、*o.c.* (note 203)、パラ26も参照。
[280] CRC委員会「条約44条1項(b)に基づいて締約国によって提出される定期報告書の形式および内容に関する一般指針」(UN Doc. CRC/C/58, 1996)、パラ106。
[281] たとえば次の国に対するCRC委員会の総括所見を参照：ポーランド(UN Doc. CRC/C/46, 1995)、パラ149；イエメン(UN Doc. CRC/C/50, 1996)、パラ51。
[282] たとえば次の国に対するCRC委員会の総括所見を参照：レバノン(UN Doc. CRC/C/54, 1996)、パラ36；ジンバブエ(UN Doc. CRC/C/54, 1996)、パラ85；ナイジェリア(UN Doc. CRC/C/50, 1996)、パラ63。
[283] たとえば次の国に対するCRC委員会の総括所見を参照：イエメン(UN Doc. CRC/C/50, 1996)、パラ45；旧ユーゴスラビア連邦共和国(セルビアモンテネグロ)(UN Doc. CRC/C/50, 1996)、パラ108；ジンバブエ(UN Doc. CRC/C/54, 1996)、パラ98；ウルグアイ(UN Doc. CRC/C/50, 1996)、パラ117；ブルンジ(UN Doc. CRC/C/100, 2000)、パラ104；中央アフリカ共和国(UN Doc. CRC/C/100, 2000)、パラ416；ギニアビサウ(UN Doc. CRC/C/118, 2002)、パラ75；エリトリア(UN Doc. CRC/C/132, 2003)、パラ76；アルゼンチン(UN Doc. CRC/C/121, 2002)、パラ82；パキスタン(UN Doc. CRC/C/133, 2004)、パラ187。

同じ国との関係でも時間の経過とともに変わってくる可能性が高い[285]。とはいえ、法的学説においては、国際法で保障された教育上の権利の侵害について判断する規則を発展させようという試みも行なわれてきた[286]。ある社会経済的権利の侵害について判断する際にしばしば参照される概念はその権利の「最低限の中核的内容」であり、それに対応する「最低限の中核的義務」である[287]。「最低限の中核的内容」の概念は権利の本質および中核的実体を指しており、これは開発途上国を含むいかなる国も侵害してはならないとされる。したがって、「最大限の範囲内で」の概念にはつねに権利の「中核的内容」が包含されていなければならない。28条1項に掲げられた教育についての権利の「中核的内容」の特定に関しては、社会権規約の対応条項に関わるクーマンズの見解を参照することができよう[288]。クーマンズの見解によれば、教育についての権利を構成する次の要素は——最低限の積極的義務に対応するものとして——最低限保障されるべきものとされる。第1に、無償かつ義務的な初等教育を享受する権利である。この権利は社会権規約では即時的義務であるが、CRCでは漸進的義務であること（前掲7、14および17参照）を踏まえれば、クーマンズの見解をそのままCRCに適用できるかという問題が生ずる。28条1項(a)の規定が明瞭であること、CRC41条に救済条項（最も水準の高い子どもの保護規定が優先されるこ

---

[284] A. P. M. Coomans, *De internationale bescherming van het recht op onderwijs, o.c.* (note 3), p.124.
[285] P. Hunt, *State Obligations, indicators, benchmarks and the right to education* (UN Doc. E/C.12/1998/11, 1998), para.6.
[286] とくに次を参照：経済的、社会的及び文化的権利に関する国際規約の実施に関する1986年6月6日のリンブルグ原則、*o.c.* (note 203)、パラ70-73；経済的、社会的および文化的権利の侵害に関するマーストリヒト指針、*o.c.* (note 268)、パラ6-32；A.R. Chapman, 'A "Violations Approach" for Monitoring the International Covenant on Economic, Social and Cultural Rights', *Human Rights Quarterly* 18, 1996, pp.23-66; F. Coomans, 'In search of the core content of the right to education', *l.c.* (note 3), pp.232-242; and V. Dankwa, C. Flinterman, and S. Leckie, 'Commentary to the Maastricht Guidelines on Violations of Economic, Social and Cultural Rights', *Human Rights Quarterly* 20, 1998, pp.705-730。
[287] 社会権規約委員会「締約国の義務の性質に関する一般的意見3号（1990年）」（UN Doc. HRI/GEN/1/Rev.5, 2001)、パラ10；K. Arambulo, *Strengthening the Supervision of the International Covenant on Economic, Social and Cultural Rights, Theoretical and Procedural Aspects* (Antwerpen/Groningen/Oxford, Intersentia-Hart), 1999, pp.130-136; A. P. M. Coomans, *De internationale bescherming van het recht op onderwijs, o.c.* (note 3), pp.237-239; F. Coomans, 'In search of the core content of the right to education', *l.c.* (note 3), pp.225-246; and M. Mehedi, *o.c.* (note 2), paras.57-58.
[288] F. Coomans, 'In search of the core content of the right to education', *l.c.* (note 3), pp.225-231.

とを保障）が置かれていること、関連の国際人権条約がこれらの側面を重視していること、CRC委員会その他の国際的監視機関も初等教育を重視していること、そして法的学説において強力な主張が行なわれていることを念頭に置けば、初等教育を無償かつ義務的なものとする義務は、条約28条1項を遵守するために各国が充足しなければならない最低限の中核的義務を構成すると考えられよう。社会権規約13条に掲げられた教育についての権利の中核的内容を構成する第2の要素は、女児、農村部の子ども、働く子ども、ストリート・チルドレンなど、教育上の不利を有している者または通常のやり方ではまったく教育にアクセスできない者を対象とした、特別な便益を享受する権利である[289]。28条1項にも、これに類する義務がはっきりと掲げられている（前掲28～34参照）。しかし、難民はこのような集団に該当しないとクーマンズが考えていることは驚きである。クーマンズによれば、難民を対象とする教育の促進は教育についての権利の「周縁的要素」であって、中核に属するものではない[290]。条約が国民にも国民以外の者にも同様に適用されることを保障したCRC2条や、難民の子どもの教育に関わる委員会の実行（前掲34参照）を踏まえれば、CRC上、難民を対象とする教育の促進は中核的要素を構成すると結論づけられる可能性が高いといえよう。他方、先住民族の子どもを対象として自己の言語による教育を促進することは周縁的要素である旨のクーマンズの見解は、CRCの文脈にも適用可能である[291]。CRCの規定からこの分野で若干の義務を導き出すことはできるが（前掲34および37参照）、条約には、マイノリティまたは先住民族に属する子どもが自己の言語で教育を受ける一般的権利は掲げられていない。教育についての権利の中核に属し、積極的義務を課すものとして特定される第3の要素は、各教育段階における良質な教育に対する権利である。これは28条1項でも保障されている（前掲19参照）。また、バン・ボーレンは、28条1項に掲げられた教育についての権利の中核を構成する第4の要素とし

---

[289] G. Van Bueren, 'The minimum core obligations of States under Article 10(3) of the International Covenant on Economic, Social and Cultural Rights', in: A. Chapman and S. Russell (eds.), *Core obligations: Building a Framework for Economic, Social and Cultural Rights* (Antwerp/Oxford/New York, Intersentia, 2002), pp.150-153も参照。
[290] F. Coomans, 'In search of the core content of the right to education', *l.c.* (note 3), p.231.
[291] *Ibid.*, p.231.

て、自己の教育に関することがらについて個人のレベルでも政策立案のレベルでも協議の対象とされる子どもの権利を挙げているが、妥当である（後掲45参照）[292]。教育についての権利の中核を構成する以上の諸要素に対応する義務は、手段の利用可能性の如何にかかわらず適用されるものであり、したがって開発途上国も履行しなければならない[293]。エイデの指摘によれば、十分な手段がないためにこれらの中核的義務さえ履行できないと主張する国は、それが自国にはどうにもならない事情によるものであることを立証する責任があり、国際的支援を得ようとしたがうまくいかなかったことを証明する必要がある[294]。他方、教育上の権利に関わる先進工業国の義務は、これらの権利の「中核的内容」を超えて及ぶものである。したがって、先進工業国は、種々の形態の中等・高等教育を提供すること、教育および職業に関わる情報・指導を提供する制度を確立することのような、教育についての権利の——クーマンズの言葉を借りれば——「周縁的要素」を実現していないことについてもCRC違反を問われる可能性がある[295]。

43.「充足する」漸進的義務を締約国がどの程度遵守しているかのモニタリングは、各国が、中核的義務を超えて義務を履行していくべく国家的基準を定めたときに初めて可能となる[296]。信頼のできる客観的指標も開発されなければならない。このような指標としては、識字率、教育に関する公共支出額、就学率、修了率、中途退学率、書籍の発行部数などを挙げることができる[297]。これらの基準・指標を数年間にわたって注意深く検討し、その後に侵害の根本的原因を特定することにより、ある国が利用可能な手段を最大限に用いて行動してきたかどうかを判断することが可能である[298]。

---

292 G. Van Bueren, 'The minimum core obligations of States under Article 10(3) of the International Covenant on Economic, Social and Cultural Rights', *l.c.* (note 289), p.149.
293 経済的、社会的および文化的権利の侵害に関するマーストリヒト指針, *o.c.* (note 268)、パラ9-10。
294 A. Eide, 'Economic, Social and Cultural Rights as Human Rights', *l.c.* (note 268), p.27.
295 F. Coomans, 'In search of the core content of the right to education', *l.c.* (note 3), p.231.
296 P. Hunt, *o.c.* (note 285), paras.13-23; K. Tomaševsiki, *Annual Report of the Special Rapporteur on the Right to Education 2001/29* (UN Doc. E/CN.4/2002/60, 2002), paras.30-37; K. Tomaševsiki, *Annual Report of the Special Rapporteur on the Right to Education 2002/23* (UN Doc. E/CN.4/2003/9, 2003), paras.26-28.

44. 28条1項の頭書きで「認める」および「この権利を漸進的に達成するため」という表現が用いられているとはいえ、同項に掲げられたすべての義務が漸進的性質のものであるというわけではない。どのような経済的発展段階にあるかにかかわらず、すべての締約国が即時的に実現しなければならない義務もある。それはいわゆる「尊重する」義務である。「尊重する」義務は、締約国に対し、教育についての権利の享受を阻害するまたは妨げる措置をとらないよう求める[299]。これは消極的意味合いを有する義務であり、国の干渉を禁ずるものである。国にはたとえば、28条1項に基づき、公立学校における平等原則を尊重する即時的義務や、宗教教育および学校の種別に関する子どもおよび親の選択を尊重する義務がある。これは行為義務としてとらえることが可能なので、このような即時的義務の違反を明らかにすることははるかに容易である[300]。締約国が、自国においてCRCが発効した後、28条1項に定められた一連の措置を合理的な短期間のうちにとらなかった場合、明らかな条約違反となる。「尊重する」義務は教育についての権利の「中核的内容」に属するものとされており[301]、したがって国の経済的状況にかかわらず実現されなければならないことからも、このことは確認できる。

---

[297] M. Nowak, 'The right to education - Its meaning, significance and limitations', l.c. (note 49), p.424. 教育についての権利の実現・侵害を測定する指標については、とくにK. Beeckman, 'Measuring the implementation of the right to education', *The International Journal of Children's Rights* 12, 2004, pp.71-84; K. Halvorsen, 'Notes on the Realization of the Human Right to Education', l.c. (note 114), pp.357-362; P. Hunt, o.c. (note 285), paras.9-12; K. Tomaševsiki, 'Indicators', in: A. Eide et al. (eds.), *Economic, Social and Cultural Rights* (Dordrecht/Boston/London, Martinus Nijhoff Publishers, 2001), pp.531-543; and K. Tomaševski, *Annual Report of the Special Rapporteur on the Right to Education 2001/29* (UN Doc. E/CN.4/2002/60, 2002), paras.27-45を参照。CRC委員会も、報告ガイドラインにおいて適切な指標の開発を強く求めている：CRC委員会「条約44条1項(b)に基づいて締約国によって提出される定期報告書の形式および内容に関する一般指針」(UN Doc. CRC/C/58, 1996)、パラ18・20およびCRC Committee, *Report on the thirteenth session* (UN Doc. CRC/C/57, 1996), para.222。
[298] M. Nowak, 'The Right to Education', l.c. (note 3), pp.256-257.
[299] 社会権規約委員会「教育についての権利に関する一般的意見13号」(UN Doc. E/C.12/1999/10, 1999)、パラ47。
[300] F. Coomans, 'In search of the core content of the right to education', l.c. (note 3), p.243.
[301] より具体的には、クーマンズは、既存の公教育機関に平等にアクセスする権利、同質の教育に対するすべての者の権利、および、宗教的・哲学的信念と教授言語に関わって国から強制を受けることなく教育を選択する自由を、社会権規約13条上の主な請求権として特定している。これらの権利は、CRC28条1項においても同様に「消極的」な中核的義務を構成するものとして理解することができよう。F. Coomans, 'In search of the core content of the right to education', l.c. (note 3), pp.225-231.

1.5 権利の保有者——教育への子ども参加

45．28条1項は、教育についての権利の保有者として「子ども」にはっきりと言及している。CRC1条上、子どもとは「18歳未満のすべての者」のことである（ただし、「その者に適用される法律によりより早く成年に達したものを除く」）。子どもの権利の保障を明確な目的として起草された文書でこのような明示的言及が行なわれるのは当たり前であるとはいえ、伝統的にこの権利を「すべての者」に認めてきた教育関連の国際人権法のなかにあって、このような規定の仕方は異彩を放っている。「すべての者」の概念には教育上の権利の受益者としての子どもも含まれるとはいえ、伝統的に、子ども自身の権利は子どもの教育に関わる親の権利義務によって影の薄い存在とされてきた[302]。28条1項は、親のものであると同時に子どものものでもある教育に対し、とくにいくつかの伝統的な親の教育権との関連で、より均衡のとれたアプローチをとる道を開いたものである。すでに指摘したように（前掲36参照）、教育の自由選択の問題はもはや親の排他的特権ではない。CRCは、教育の種類の選択にあたっては親と子ども両方の信念が考慮されるべきことを保障している。親の信念と子どもの信念が衝突した場合に子どもの見解をあらかじめ排除することは、CRC違反となろう。カリキュラムの内容、試験日程、教育スタイル、学校の設備（トイレ、生徒のロッカー、自動販売機等）、スポーツ・イベント、服装規則といったその他の教育上の問題についても、より子ども参加型の視点からアプローチしなければならない。このことは、教育上の問題について意見を表明する子どもの権利に十分な注意を払う義務を締約国に課したCRCの参加条項[303]を、28条とあわせて解釈した場合に明らかである。CRC委員会は、学校における性教育プログラムや停学・退学といった教育上の問題への、子どもの組織的参加が保障されなければならないという見解をとっている。親であっても学校管理者であっても、子どもの意見を聴かずに決定することがあってはならない[304]。学

302　G. Van Bueren, *The International Law on the Rights of the Child*, o.c. (note 18), p.232. またG. Van Bueren, 'Education: Whose Right is it Anyway', *l.c.* (note 261), p.339も参照。
303　とくにCRC12条、13条、14条および15条。
304　たとえば次の国に対するCRC委員会の総括所見を参照：英国（UN Doc. CRC/C/38, 1995）、パラ218；ベルギー（UN Doc. CRC/C/43, 1995）、パラ111。

校方針策定への参加を確保するため、政府は、学校が何らかの適切な構造的[305]機構を制度化できるようにしておく必要がある。締約国が具体的にどのような体制・機構を整備しなければならないかは、基本的に明確な答えのない問題である。とはいえ、CRC委員会の勧告や一部学説から若干の示唆を得ることはできる。まず、委員会は、CRCの参加条項を教育に関する国内法・国内手続に取り入れるよう勧告してきた[306]。しかし、立法への編入は第一歩にすぎない。次に、その法律を実施する必要がある。そこで委員会は、自己に関わることがらについて学校運営に関する意見を表明する機会が子どもたちに与えられ、かつその意見が正当に重視されることを確保する手続を効果的に導入するよう、勧告してきた[307]。たとえば停学・退学に関しては、決定に対する不服申立て権を子どもに認めることが提案されている[308]。第3に、一部学説によれば、政府は関連のパートナーに必要な支援を与えなければならない。参加権の実施のためには、子どもとおとなの双方が、参加権を含む人権について十分な情報を得ている必要がある。まず、子どもたち自身、アドボカシー、カウンセリング、傾聴スキルといった、参加するためのスキルを身につけていなければならない[309]。そこでCRC委員会は、有資格者によるカウンセリング・プログラムを学校で提供するよう勧告している[310]。次に、子どもと生活している者および子どもとともに活動している者(親、教員、その他の養育者)は、真正な参加についての十分な

---

[305] すなわち、短期的なプロジェクトではありえないということである:G. Lansdown, *Promoting children's participation in democratic decision-making* (Italy, UNICEF Innocenti Research Centre, 2001), p.12。
[306] たとえばアルメニアに対するCRC委員会の総括所見 (UN Doc. CRC/C/15/Add.119, 2000)、パラ26参照。
[307] たとえば次の国に対するCRC委員会の総括所見を参照:英国 (UN Doc. CRC/C/38, 1995)、パラ234;ナイジェリア (UN Doc. CRC/C/50, 1996)、パラ91;ベネズエラ (UN Doc. CRC/C/90, 1999)、パラ46;英国-マン島 (UN Doc. CRC/C/100, 2000)、パラ199;フィンランド (UN Doc. CRC/C/100, 2000)、パラ55-56;ベルギー (UN Doc. CRC/C/118, 2002)、パラ113;英国 (UN Doc. CRC/C/121, 2002)、パラ122・140。
[308] たとえば次の国に対するCRC委員会の総括所見を参照:英国 (UN Doc. CRC/C/38, 1995)、パラ234;英国 (UN Doc. CRC/C/121, 2002)、パラ140。
[309] A. Osler and H. Starkey, 'Children's rights and citizenship: some implications for the management of schools', *The International Journal of Children's Rights* 6, 1998, p.326; and S. De Groof and M. Elchardus, *Leerlingenparticipatie nader bekeken* [A closer look at participation of pupils] (Brussels, Ministerie van de Vlaamse Gemeenschap, 2003), p.3.
[310] たとえばニュージーランドに対するCRC委員会の総括所見 (UN Doc. CRC/C/133, 2004)、パラ156参照。

訓練を受けていなければならない[311]。実際、親およびより幅広いコミュニティは、子どもの参加権を実現するうえで大きな役割を果たす。子どもが参加する機会を創り出さなければならないほか、子どもがいっそうの責任感や活発・寛容・民主的な姿勢を身につけていくようにするため、子どもを操作しようとすることなく、適切な指示、指導および助言を子どもに与えなければならない[312]。このようにして、参加のための適切な雰囲気を学校で生み出すことができるのである。そこでCRC委員会は、子どもの参加権に関する教育的情報を、とくに親、教員および社会一般に対して提供するよう勧告している[313]。

2 28条2項：人道的な規律運用制度に対する権利

46. CRC28条2項は、「学校の規律が子どもの人間の尊厳に適合する方法で及びこの条約に従って運用されることを確保するためのすべての適当な措置」をとることを、教育上の権利の枠組みのなかで締約国に明示的に義務づけた、初めての条約上の基準である。これは、教育の内容に関わる要件（前掲19参照）とともに、教育が子どもにとって「受入れ可能」となることを保障している。

47. 第1に、この項は、学校における非人道的なまたは品位を傷つける規律運用制度から子どもを保護することを目的としている。「この条約に従って」の文言は、この点で、主としてCRC19条および37条(a)に言及したものである[314]。19条は、親、法定保護者または子どもを監護する他の者による

311　たとえばインドに対するCRC委員会の総括所見（UN Doc. CRC/C/15/Add.115, 2000）、パラ34-35；G. Lansdown, *o.c.* (note 305), p.2; M. Santos Pais, 'Child Participation', *Documentação e Direito Comparado* 81/82, 2000, p.96; and R. Hodgkin and P. Newell, *o.c.* (note 79), p.168参照。
312　B. Franklin, 'Children's Right to Participate in Decision Making. A case study of Ravenswood Primary School Council Newcastle upon Tyne, England', in: E. Verhellen, *Monitoring Children's Rights* (The Hague, Martinus Nijhoff Publishers), 1996, p.323.
313　たとえば次の国に対するCRC委員会の総括所見参照：ドミニカ共和国（UN Doc. CRC/C/15/Add.150, 2001）、パラ25；ニカラグア（UN Doc. CRC/C/15/Add.108, 1999）、パラ25；リベリア（UN Doc. CRC/C/15/Add.236, 2004）、パラ29；マダガスカル（UN Doc. CRC/C/133, 2004）、パラ284；パナマ（UN Doc. CRC/C/15/Add.233, 2004）、パラ28．CRC委員会「条約44条1項(b)に基づいて締約国によって提出される定期報告書の形式および内容に関する一般指針」（UN Doc. CRC/C/58, 1996）、パラ46も参照。

あらゆる形態の身体的・精神的な不当な取扱いから子どもを保護している。CRC委員会は、この条項が学校その他の教育機関に適用されることを確認してきた[315]。すなわち、「子どもを監護する他の者」には教員その他の学校職員も含まれるのである。37条(a)では、拷問または他の残虐な、非人道的なもしくは品位を傷つける取扱いもしくは刑罰の禁止が保障されている。

CRC委員会の総括所見では、過度な形態の体罰も穏当な形態の体罰もいずれも受け入れられず、CRC28条2項、18条および37条(a)、そして29条[316]にさえ違反することが明らかにされてきた。体罰のみならず、いじめや言葉の暴力[317]または人前での辱め[318]のような、その他の残虐な、非人道的なまたは品位を傷つける取扱いも、CRCに掲げられた諸権利の侵害となる。国は、このような行為を法律的にも事実上も禁ずるための措置をとらなければならない。このような理由で、委員会は、体罰を禁止するための法的措置をとることも各国に奨励してきた[319]。国は、加害者を処罰したり、子どもに配慮した苦情申立制度を設置することを通じて体罰を通報したりすることなどの制圧措置をとることも奨励されている。体罰の否定的影響に関する意識啓発キャンペーンの実施や罰に代わる措置の促進など、予防的措置も奨励されているところである[320]。

拷問ならびに非人道的および品位を傷つける取扱いの禁止は、いくつかの人権文書に定められている[321]。したがって、体罰に関わるCRC委員会の立場は、他の国際的・地域的監視機関の見解に合致したものである。自由

---

314 S. Detrick, *A Commentary on the United Nations Convention on the Rights of the Child*, o.c. (note 101), p.489.
315 たとえばボリビアに対するCRC委員会の総括所見（UN Doc. CRC/C/80, 1998）、パラ108参照。
316 CRC委員会「教育の目的に関する一般的意見1号」（UN Doc. CRC/GC/2001/1, 2001）、パラ8。
317 CRC委員会「家庭および学校における子どもへの暴力に関する一般的討議」（UN Doc. CRC/50, 1996）、パラ679・696・706参照。次の国に対するＣＲＣ委員会の総括所見も参照：韓国（UN Doc. CRC/C/)、パラ171；ジンバブエ（UN Doc. CRC/C/)、パラ101；チュニジア（UN Doc. CRC/C/)、パラ290。
318 社会権規約委員会「教育についての権利に関する一般的意見13号」（UN Doc. E/C.12/1999/10, 1999）、パラ41。
319 たとえば次の国に対するCRC委員会の総括所見を参照：英国（UN Doc. CRC/C/38, 1995）、パラ218・233-234；韓国（UN Doc. CRC/C/50, 1996）、パラ171；ジンバブエ（UN Doc. CRC/C/54, 1996）、パラ101；英国-マン島（UN Doc. CRC/C/100, 2000）、パラ90-91；コンゴ民主共和国（UN Doc. CRC/C/108, 2001）、パラ188；アラブ首長国連邦（UN Doc. CRC/C/118, 2002）、パラ401；チュニジア（UN Doc. CRC/C/118, 2002）、パラ290；アルゼンチン（UN Doc. CRC/C/121, 2002）、パラ64；インド（UN Doc. CRC/C/15/Add.228, 2004）、パラ45；インドネシア（UN Doc. CRC/C/15/Add.223, 2004）、パラ44；フランス（UN Doc. CRC/C/14/Add.240, 2004）、パラ39。

権規約委員会は、体罰は自由権規約7条に基づく拷問の禁止に違反するとの立場をとっている[322]。欧州人権裁判所も、学校における体罰は、拷問ならびに非人道的および品位を傷つける取扱いの禁止(欧州人権条約3条)と両立しないと認定している。同裁判所は、学校という環境における体罰の場合、欧州人権条約3条にいう品位を傷つける取扱いの最低水準に達する可能性があると判示してきた。キャンベルおよびコザンズ事件では、革紐を用いて手の甲を打つという懲戒措置の違反は認定されなかったが、それは体罰が実際に実行されなかったからにすぎない。紐で打たれるかもしれないというおそれだけでは、本件の場合、品位を傷つける取扱いと認定するほど重大ではないと見なされたのである[323]。体罰が実際に行なわれたウォーウィック事件では、欧州人権委員会は3条違反を認定した[324]。このように、欧州人権条約3条の違反は体罰が実行された場合にのみ成立する。他方、欧州人権条約の第1議定書2条については、学校に体罰の制度が存在するだけで違反が成立する可能性があり、これはCRC28条2項にも合致したものである。キャンベルおよびコザンズ事件で、欧州人権裁判所は、体罰を含む規律運用制度が、子どもの教育について自己の哲学的信念を尊重される親の権利(欧州人権条約の第1議定書2条第2文)の侵害になりうると認定した[325]。規律運用に関わる問題として体罰が存在することを親

320　たとえば次の国に対するCRC委員会の総括所見を参照:ベリーズ(UN Doc. CRC/C/84, 1999)、パラ78;ルクセンブルグ(UN Doc. CRC/C/79, 1998)、パラ272;ギニア(UN Doc. CRC/C/84, 1999)、パラ110;タイ(UN Doc. CRC/C/80, 1998)、パラ172;クウェート(UN Doc. CRC/C/80, 1998)、パラ139;タジキスタン(UN Doc. CRC/C/100, 2000)、パラ188;オマーン(UN Doc. CRC/C/108, 2001)、パラ195–196;カメルーン(UN Doc. CRC/C/111, 2001)、パラ380;セントビンセントグレナディーン(UN Doc. CRC/C/118, 2002)、パラ440;ザンビア(UN Doc. CRC/C/132, 2003)、パラ208;ベルギー(UN Doc. CRC/C/15/Add.178, 2002)、パラ24;チュニジア(UN Doc. CRC/C/118, 2002)、パラ290;アルゼンチン(UN Doc. CRC/C/121, 2002)、パラ64;インド(UN Doc. CRC/C/15/Add.228, 2004)、パラ45;インドネシア(UN Doc. CRC/C/15/Add.223, 2004)、パラ44;パナマ(UN Doc. CRC/C/15/Add.233, 2004)、パラ34。CRC委員会「家庭および学校における子どもへの暴力に関する一般的討議」(UN Doc. CRC/50, 1996)、パラ714–732も参照。
321　とくに自由権規約7条、欧州人権条約3条およびCRC37条参照。
322　自由権規約委員会「一般的意見20号:拷問および残虐な取扱いまたは刑罰の禁止(7条)」(UN Doc. HRI/GEN/1/Rev.5, 1992, p.139)、パラ5。
323　ECtHR, *Campbell and Cosans v. the United Kingdom,* 25 February 1982, Series A, No.48, paras.24-31.
324　ECmHR, No.9471/81, *Warwick v. the United Kingdom,* Comm. Rep., 18 July 1986, D.R. 60, pp.5-24.
325　ECtHR, *Campbell and Cosans v. the United Kingdom,* 25 February 1982, Series A, No.48, paras.32-38.

が受け入れなかったために生徒が停学とされたことも、教育についての子どもの権利（欧州人権条約の第1議定書2条第1文）の否定であると見なされている[326]。

48. 学校における規律運用措置は、拷問ならびに非人道的なおよび品位を傷つける取扱いの禁止だけに適合していればよいというものではない。子どもが有する他の人権および子どもの人間の尊厳とも適合している必要がある[327]。このような要件は、国際法においては革新的なものである。この意味で、学校は、親との接触を妨害する措置、自己の文化への子どもの参加または子どもによる自己の言語の使用を妨げる措置、参加権や休息・余暇についての権利の行使を不相応に阻害する措置、または食糧に対する子どもの権利を侵害する措置をとることはできない[328]。さらに、規律運用措置は、最善の利益原則や非差別原則といった一般原則にも適合している必要がある[329]。非差別との関連では、CRC委員会も、教育についての権利に関する特別報告者も、妊娠を規律違反として解釈することの根絶を重視してきた（前掲26参照）。CRC委員会は、規律運用手続への子ども参加にも多くの注意を向けてきている。子どもは、子どもの停学・退学に関する決定のような規律運用措置が検討されるときに、自己の意見を表明できなければならない（CRC12条1項）。さらに、子どもは、規律運用手続を含むあらゆる司法上・行政上の手続で意見を聴かれるべきである（CRC12条2項）。このことは、第1に、学校は参加権の行使を妨げるような措置を課せないことを意味する[330]。第2に、真正な参加を実現するために何らかの積極的措置が必要である（前掲45参照）。CRC委員会は、各国に対し、停学・退学のような規律運用措置に関わる行政手続に子どもが参加する機会を提供する法

---

[326] *Ibid.*, paras.40-41.
[327] G. Van Bueren, *The International Law on the Rights of the Child, o.c.* (note 18), p.249. ユネスコ・教育における差別を禁止する条約も、人間の尊厳を侵害する教育慣行を禁じている（1条）。
[328] R. Hodgkin and P. Newell, *o.c.* (note 79), p.425. 食糧に対する権利と規律運用制度の両立性について、社会権規約委員会「教育についての権利に関する一般的意見13号」（UN Doc. E/C.12/1999/10, 1999）、パラ41も参照。
[329] CRC委員会「条約44条1項(b)に基づいて締約国によって提出される定期報告書の形式および内容に関する一般指針」（UN Doc. CRC/C/58, 1996）、パラ109。
[330] R. Hodgkin and P. Newell, *o.c.* (note 79), p.426.

律が制定されているかどうか報告するようはっきりと求める[331]とともに、総括所見の中でそのような法律の制定を奨励してきた[332]。委員会はさらに、子どもの人権に適合する規律運用措置を導入するための意識啓発キャンペーンを開始することも、各国に勧告している[333]。

49. CRC委員会は28条2項の水平的効果を認めてきた。委員会は、報告ガイドラインの中で、各国に対し、私立学校の子どもの権利を侵害する体罰その他の規律運用措置を禁止するために立法措置をとるよう求めている[334]。総括所見では、私立学校における体罰の使用を禁止する法律を導入するよう各国に促してきた[335]。したがって、28条2項に掲げられた義務は、公的な教育機関においても私的な教育機関においても尊重されなければならない。CRC委員会の見解は、この点に関わる欧州人権委員会および欧州人権裁判所の立場を参照することによって確認できる[336]。欧州人権委員会はY事件で、私立学校の校長が生徒のズボンの上から4度の笞打ちを行なったのは欧州人権条約3条にいう品位を傷つける取扱いにあたると認定した[337]。しかし、私立学校での体罰に関わる別の事件（コステロ–ロバーツ事件）では、委員会は、7歳の男児の臀部を上履きで3度「バシン」とやったことは、品位を傷つける取扱いというほど重大であると見なすことはできないと判断している。ただし、欧州人権条約8条に基づく、私生活を尊重される生徒の権利の侵害は認定された[338]。欧州人権裁判所は3条と8条のいずれの違反も認定しなかったが、私立学校での規律運用措置について国に

---

[331] CRC委員会「条約44条1項(b)に基づいて締約国によって提出される定期報告書の形式および内容に関する一般指針」(UN Doc. CRC/C/58, 1996)、パラ109。
[332] たとえばスリナムに対するCRC委員会の総括所見 (UN Doc. CRC/C/97, 2000)、パラ500参照。
[333] たとえば次の国に対するCRC委員会の総括所見を参照：英国 (UN Doc. CRC/C/38, 1995)、パラ218；タイ(UN Doc. CRC/C/80, 1998)、パラ172；アイルランド(UN Doc. CRC/C/73, 1998)、パラ101；日本(UN Doc. CRC/C/79, 1998)、パラ191；クウェート (UN Doc. CRC/C/80, 1998)、パラ139。
[334] CRC委員会「条約44条1項(b)に基づいて締約国によって提出される定期報告書の形式および内容に関する一般指針」(UN Doc. CRC/C/58, 1996)、パラ109。
[335] たとえば英国に対するCRC委員会の総括所見 (UN Doc. CRC/C/15/Add.34, 1995)、パラ16参照。
[336] M. Nowak, 'The Right to Education', *l.c.* (note 5), p.265. U. Kilkelly, *The Child and the European Convention on Human Rights* (Aldershot, Ashgate/Dartmouth, 1999), pp.167-168も参照。
[337] ECmHR, No.14229/88, *Y v. the United Kingdom,* Comm. Rep., 8 October 1991. 友好的解決が行なわれたので、本件は欧州人権裁判所では審理されなかった。
[338] ECmHR, No.13134/87, *Costello-Roberts v. the United Kingdom,* Comm. Rep., 8 June 1991.

責任があることは認めている[339]。欧州人権条約機関の見解は、CRC委員会の所見を確認するものである。社会権規約委員会も、学校における人道的な規律運用制度に対する権利に水平的効果があることを強調している[340]。

50. これまで述べてきたことから明らかなように、28条2項は消極的義務と積極的義務の双方を締約国に課したものである。第1に、国には消極的な、したがって即時的性質を有する若干の義務がある。その意味で、国にはたとえば、国が運営する学校で規律運用措置を課す際に、子どもの人権と尊厳を侵害しないようにする即時的義務があるのである。第2に、国には同項に基づく積極的義務がある。とくに、私立学校における非人道的な規律運用制度から子どもを保護しなければならないし、公立・私立のいずれの学校の規律運用制度においてもたとえば参加権が尊重されることを確保するために、積極的措置をとらなければならない。

3　28条3項：教育における国際協力

51. 28条3項によれば、「締約国は、特に全世界における無知及び非識字の廃絶に寄与し並びに科学上及び技術上の知識並びに最新の教育方法の利用を容易にするため、教育に関する事項についての国際協力を促進し、及び奨励する。これに関しては、特に、開発途上国の必要を考慮する」とされる。この項は、社会的・経済的・文化的権利の実現を向上させるために国際協力を活性化させるよう呼びかける、4条の規定を具体化したものである[341]。ここでは、教育に関わる事項について国際的に協力することが、締約国に対し、拘束力のある人権文書のなかでは最も包括的な形で呼びかけられている。教育についての権利の効果的実現に国際協力が必要であることは、このほか、社会権規約2条、23条および15条4項、国連憲章56条、万人のための教育に関する世界宣言[342]10条、ダカール行動枠組み[343]10

339　ECtHR, *Costello-Roberts v. the United Kingdom*, 25 March 1993, Publ. Hof, Serie A, No.247-C, paras.26-28.
340　社会権規約委員会「教育についての権利に関する一般的意見13号」（UN Doc. E/C.12/1999/10, 1999）、パラ41。
341　同様の具体化はCRC23条4項および24条4項でも行なわれている。

〜14条および21条、ならびに他のいくつかのユネスコ文書[344]や1993年の「ウィーン宣言および行動計画」[345]でも触れられているところである。

52. 28条3項では、教育についての権利は第三世代の権利として取り上げられている[346]。教育についての権利の枠組みにおいては、開発途上国の受益者には連帯に対する権利があるのである。一部学説によれば、これに対応して、先進工業国には連帯の義務があることも含意される[347]。先進工業国は、適切な立法、制度の整備および政策によってこの義務を履行する必要がある[348]。実際、28条3項は条約4条および前文の文言でも裏書されているのであり、その文言から先進工業国の義務をまったく導き出さないのはむずかしい[349]。なによりも、CRC委員会[350]と社会権規約委員会[351]の双方がそのような立場をとっているからである。CRC委員会は、「条約を批准した国は、それを自国の管轄内で実施する義務だけではなく、国際協力を通じて世界的実施に貢献する義務を負うのである」と主張している[352]。社会権規約委員会は、とくに他国を援助する立場にある国は、国連憲章55条および56条に反映された、開発のための、したがって経済的・社会的・文化

---

[342] 万人のための教育に関する世界宣言(ジョムティエン〔タイ〕にて1990年採択)(前掲注42)、原文77頁。
[343] ダカール行動枠組み(ダカール〔セネガル〕にて2000年採択)(前掲注42)、原文9〜10頁。
[344] ユネスコ憲章1.2条(c)、およびとくに1974年11月19日に採択された「国際理解、国際協力および国際平和のための教育ならびに人権および基本的自由についての教育に関する勧告」43〜45条参照。
[345] 「ウィーン宣言および行動計画」(UN Doc. A/CONF.157/23, 1993)、パラ34。
[346] M. Nowak, 'The Right to Education', *l.c.* (note 3), pp.254-255; M. Mehedi, *o.c.* (note 2), para.51.
[347] とくにM. Bedjaoui in: H.J. Steiner and Ph. Alston, *International Human Rights in Context* (Oxford, Oxford University Press, 2000), p.1323 and M. Nowak, 'The Right to Education', *l.c.* (note 3), p.254-255を参照。
[348] Bedjaouiも、発展に対する権利について同様の理論構成を行なっている。M. Bedjaoui, *l.c.* (note 347), p.1323参照。
[349] CRC前文は、「あらゆる国特に開発途上国における児童の生活条件を改善するために国際協力が重要であることを認めて」と述べている。
[350] CRC委員会「一般的意見5号：子どもの権利条約の実施に関する一般的措置」(UN Doc. CRC/GC/2003/5, 2003)、パラ7・60-64。CRC委員会「定期報告書の形式および内容に関する一般指針」(UN Doc. CRC/C/58, 1996)、パラ111も参照。
[351] 社会権規約委員会「締約国の義務の性質に関する一般的意見3号(1990年)」(UN Doc. HRI/GEN/1/Rev.5, 2001)、パラ13・14、および社会権規約委員会「教育についての権利に関する一般的意見13号」(UN Doc. E/C.12/1999/10, 1999)、パラ56。
[352] CRC委員会「一般的意見5号：子どもの権利条約の実施に関する一般的措置」(UN Doc. CRC/GC/2003/5, 2003)、パラ7。

的権利の実現のための国際協力に対する義務を履行すべきであると強調している[353]。先進国は、個別にも、また国際金融機関を含む国際機関の構成員としても、このような義務を負うことになろう[354]。しかし、この条をもっと慎重に解釈する必要性を反映した見解もある。オルストンとクウィンが指摘するところによれば、社会権規約の準備作業から、社会権規約の同様の規定に先進工業国の義務が伴うかどうかという問題について意見の一致が見られなかったことは明らかである[355]。したがって、28条3項に先進工業国の国際協力義務が伴っているかどうかという点については、今なお合意が形成されていない。

　これほど議論が分かれないのは、28条3項には国際援助を求める開発途上国の義務が伴うのかどうかという問題である。28条3項と4条をあわせて解釈すれば、このような義務が浮かび上がってくる。4条は実際、利用可能な手段の最大限の範囲内で、かつ「必要な場合には国際協力の枠内で」実施措置をとるよう、国に義務づけているのである。CRC委員会は、教育についての権利を実現するために国際援助を求めることの重要性を強調し[356]、政府は「必要に応じて国際協力を求めたことを実証できなければならない」と述べている[357]。

---

[353] 社会権規約委員会「締約国の義務の性質に関する一般的意見3号(1990年)」(UN Doc. HRI/GEN/1/Rev.5, 2001)、パラ14。
[354] CRC委員会「一般的意見5号：子どもの権利条約の実施に関する一般的措置」(UN Doc. CRC/GC/2003/5, 2003)、パラ63-64；社会権規約委員会「教育についての権利に関する一般的意見13号」(UN Doc. E/C.12/1999/10, 1999)、パラ60。
[355] 著者らは先進工業国に拘束力のある義務があることを完全に否定してはいないが、依然として次のように曖昧な表現を用いている。「特定の権利の文脈において、状況によっては、規約2条1項に掲げられた約束を根拠として義務的となるように思われる国際協力義務を特定することが可能となる場合もある」(Ph. Alston and G. Quinn, 'The Nature and Scope of States Parties' Obligations under the International Covenant on Economic, Social and Cultural Rights', *Human Rights Quarterly* 9, 1987, p.191; reproduced in H.J. Steiner and Ph. Alston, *International Human Rights in Context* (Oxford, Oxford University Press, 2000), p.1328)。
[356] たとえば次の国に対するCRC委員会の総括所見を参照：ヨルダン (UN Doc. CRC/C/97, 2000)、パラ200；コートジボアール (UN Doc. CRC/C/108, 2001)、パラ338；ケニア (UN Doc. CRC/C/111, 2001)、パラ135；カメルーン (UN Doc. CRC/C/111, 2001)、パラ380；ガンビア (UN Doc. CRC/C/111, 2001)、パラ453；ギニアビサウ (UN Doc. CRC/C/118, 2002)、パラ75。CRC委員会「定期報告書の形式および内容に関する一般指針」(UN Doc. CRC/C/58, 1996)、パラ111も参照。
[357] CRC委員会「一般的意見5号：子どもの権利条約の実施に関する一般的措置」(UN Doc. CRC/GC/2003/5, 2003)、パラ7。

53．28条3項は、援助の態様および規模については何ら定めていない。国際協力措置が「教育に関する事項」に関わるものでなければならないことは、明らかである。この項における「教育」概念の意味は、28条1項におけるのと同様の幅広い意味で捉えることができよう（前掲9参照）。「無知及び非識字の廃絶」や「科学上及び技術上の知識の利用を容易にする」という表現は、単なる学校での指導にとどまらない活動を含意している。したがって、技術的援助は、ⓐ基本的スキルの提供と、ⓑ若者の知的・霊的・情緒的潜在能力の発達、換言すれば人格のより幅広い発達の両方に関連して行なわれ、定型的・非定型的教育制度の両方から構成されるものでなければならない。CRC委員会は、援助の態様についてもう少し詳しい示唆を行なっている。CRC45条(b)に基づく権限の枠組み[358]のなかで、委員会は技術的助言および援助の必要性を特定し、それを踏まえて報告書をとくにユニセフおよびユネスコに付託してきた[359]。その呼びかけは、「教育の分野における国際的援助」や「教育制度および教育政策を強化するための協力」といった一般的文言で書かれていることが多い。しかし、以下に掲げるもののような具体的目的を達成するため、より具体的な援助が求められることもしばしばある。

- 子どもとともにおよび子どものために働いている専門家を対象として、人権に関する研修プログラムを実施すること
- 人権に関する科目を学校カリキュラムに含めること
- 教育の質および関連性を向上させること
- 最も脆弱な立場に置かれた集団に対し、教育へのアクセスを確保すること
- 利用可能な学校・学級の数を増やすこと
- より多くの教員・学校監察官を養成すること
- 標準的な国の教科書を開発すること
- 就学率を上げること

---

[358] この条に基づき、CRC委員会には、技術的支援の要請を含んでおり、またはその必要性を示している報告を専門機関、ユニセフその他の権限のある機関に送付する権限がある。
[359] *E.g.* UN Docs. CRC/C/40/Rev.18, 2001 and CRC/C/40/Rev.21, 2002.

- 就学費、制服その他の備品に関する援助を貧困家庭に提供すること

　これらの目的を達成するためにドナー諸国・債務国が立案すべき具体的措置・戦略については、ダカール行動枠組みの11条に定められている。これには、教育のための対外資金を増加させること、対外援助のフローの予測可能性を高めること、より効果的なドナー間協力を促進すること、進展についてより効果的かつ定期的なモニタリングを行なうこと、基礎教育に強いコミットメントを示しながら、貧困削減を目的とした債務救済および（または）債務免除をより徹底的かつ広範に行なうことなどが含まれる[360]。最後の点は、CRC委員会[361]、教育についての権利に関する特別報告者[362]および国連事務総長[363]も唱導してきたところである。

　「これに関しては、特に、開発途上国の必要を考慮する」という表現は、債務国およびドナー諸国が、教育に関わる事項についての開発協力に関する政策において、的確な優先順位を定めなければならないことを示している。もちろん、窮乏しているいかなる国も国際的援助を否定されるべきではないが、優先されるべきは開発途上国でなければならない[364]。教育についての権利に関する特別報告者の知見によれば、この点についてドナー諸国が政策上の優先順位を転換させる必要性が生じている。まずは、無償かつ義務的な初等教育の実現や、教育面で障害を有する人のための特別な便益の実現といった、教育についての権利の中核的内容に属する側面を実現するために資源や技術的援助を振り向けなければならないのである（前掲42

---

[360]　ダカール行動枠組み（ダカール〔セネガル〕にて2000年採択）（前掲注42）、11条（原文9～10頁）。
[361]　CRC委員会「一般的意見5号：子どもの権利条約の実施に関する一般的措置」(UN Doc. CRC/GC/2003/5, 2003)、パラ62。
[362]　K. Tomaševsiki, *Progress Report of the Special Rapporteur on the Right to Education 1999/25* (UN Doc. E/CN.4/2000/6, 2000), paras.14 and 22; K. Tomaševsiki, *Annual Report of the Special Rapporteur on the Right to Education 2000/9* (UN Doc. E/CN.4/2001/52, 2001), paras.51-54; K. Tomaševsiki, *Annual Report of the Special Rapporteur on the Right to Education 2001/29* (UN Doc. E/CN.4/2002/60, 2002), paras.17-18; K. Tomaševsiki, *Annual Report of the Special Rapporteur on the Right to Education 2002/23* (UN Doc. E/CN.4/2003/9, 2003), para.11; and K. Tomaševsiki, *Education Denied, o.c.* (note 53), pp.133-141.
[363]　K. Annan, *We the Children, Meeting the promises of the World Summit for Children, o.c.* (note 52), p.70.
[364]　このことは、ダカール行動枠組み（ダカール〔セネガル〕にて2000年採択）（前掲注42）の14条（原文9頁）で確認されている。

参照)[365]。

　前述したように、「国際協力」の文言は、二国間協力だけではなく、政府間機関の構成員としての国が行なう協力も指している。CRC委員会と社会権規約委員会のいずれも、締約国には、国際機関の構成員としての自国の行動において教育についての権利が正当に考慮されることを確保する義務があると、主張しているところである[366]。このような文脈においては、とくに国際金融機関（世界銀行、国際通貨基金および地域開発銀行）の役割が強調されている。これらの機関は、構造調整プログラムおよび債務救済イニシアチブに対して人権志向のアプローチをとらなければならないということである[367]。このことは、教育についての権利に関する特別報告者が繰り返し触れてきた問題でもある[368]。

---

[365] K. Tomaševsiki, *Progress Report of the Special Rapporteur on the Right to Education 1999/25* (UN Doc. E/CN.4/2000/6, 2000), para.15.

[366] CRC委員会「一般的意見5号：子どもの権利条約の実施に関する一般的措置」(UN Doc. CRC/GC/2003/5, 2003)、パラ63-64；社会権規約委員会「教育についての権利に関する一般的意見13号」(UN Doc. E/C.12/1999/10, 1999)、パラ56。K. Tomaševsiki, *Annual Report of the Special Rapporteur on the right to education 2003* (UN Doc. E/CN.4/2004/45, 2004), para.16も参照。

[367] CRC委員会「一般的意見5号：子どもの権利条約の実施に関する一般的措置」(UN Doc. CRC/GC/2003/5, 2003)、パラ62・64；社会権規約委員会「教育についての権利に関する一般的意見13号」(UN Doc. E/C.12/1999/10, 1999)、パラ60。

[368] K. Tomaševsiki, *Progress Report of the Special Rapporteur on the Right to Education 1999/25* (UN Doc. E/CN.4/2000/6, 2000), paras.23-29; K. Tomaševsiki, *Annual Report of the Special Rapporteur on the Right to Education 2000/9* (UN Doc. E/CN.4/2001/52, 2001), paras.31-41; K. Tomaševsiki, *Annual Report of the Special Rapporteur on the Right to Education 2001/29* (UN Doc. E/CN.4/2002/60, 2002), paras.14-16; K. Tomaševsiki, *Annual Report of the Special Rapporteur on the Right to Education 2002/23* (UN Doc. E/CN.4/2003/9, 2003), para.9 and 13; and K. Tomaševsiki, *Education Denied, o.c.* (note 53), pp.69-82.

●第2部………

28条註釈活用のために

第1章

『註釈・子どもの権利条約28条：教育についての権利』の意義と解説

1 28条註釈の意義

　『註釈・子どもの権利条約28条：教育についての権利』（ミーク・ベルハイド著）は、子どもの権利条約（CRC）そのものとその選択議定書のすべての実体規定、組織設置規定および手続規定について逐条分析を行なおうとする『国連・子どもの権利条約コンメンタール（A Commentary on the United Nations Convention on the Rights of the Child）』（アンドレ・アレン、ヨハン・バンド・ラノット、ユージーン・フェルハーレン、フィオナ・アング、エヴァ・ベルグマンズ、ミーク・ベルハイド編）シリーズの一環として刊行されたものであり、教育についての権利を保障する子どもの権利条約28条に関するコンメンタールである。このシリーズは、ベルギー連邦科学政策局の後援を受けている。

　このシリーズでは、すべての条文について人権法の関連規定との比較が行なわれ、その後、その条文から生ずる国の義務の性質および適用範囲が詳細に検討される。しかし、本書出版時点で全条文のコンメンタールの出版が終わっているわけではない。条文ごとに1冊ずつの書物として出版されている。執筆が終わったものから逐次出版されており、その順序もばらばらで、条文の順に従って出版されているわけではない[1]。幸い28条の原書が2006年に出版されたので、研究が可能になり、今回訳書の出版に着手することができたのである[2]。

　著者は、「このシリーズは、研究者、学生、裁判官、草の根ワーカー、政府・非政府組織・国際機関職員をはじめとする、子どもの権利の分野で行動する者の必携書である」としている。ところが、編者である国際人権法政策研究所[3]内

1　http://www.brill.nl/default.aspx?partid=18&pid=22373参照（2007年8月4日閲覧）。
2　教育の目的などに関する29条の註釈が未出版であることが残念である。

の研究の過程で、「この分野を専門とする研究者であればともかく、弁護士などの法律実務家でも一読して理解するのはなかなか難しいのではないか」との意見で一致をみた。難解さは、必ずしも英語からの翻訳であることから来るのではないと思われる。原書が高度な先端的な国際人権法学の研究書であるため、やむをえないことといえる。しかし、そのような障碍を克服して、研究者のみならず、著者が意図しているような、より広い範囲の読者に活用してもらう必要がある重要な書物である。広い読者層による活用を可能にするためには、読者の理解を助けるために何らかの解説が必要であろうと思われた。

また、本編の訳書の随所に引用されている国際人権法文書やこれに関わる関係文献は、相当専門的なものであるため、一般の読者が手元に常備しているものは少ないと思われる。資料としては、一般の六法全書にも掲載されている日本が批准済みの典型的国際人権条約だけでは足りない。本編を読みこなすうえで、本編に引用されている文献のうち、日本語化されているもので必要性の高いものはできるかぎり本書中に参考資料として掲載している。そのほか、比較的容易に参照できる標準的資料に掲載されているものについては、それらがどこに掲載されているかについての情報を提供するなどして、読者の参照の助けとする必要があるとも思われた。

そこで、研究所役員会は、「単に本編の翻訳のみを出版するのでなく、解説[4]と資料[5]を加えるのが適当であろう」と考えることになったのである。多忙のため、これらを参照する時間的余裕がないと考える読者は、コンメンタールの必要部

---

[3] 2004年7月創立。日本の戦後補償問題の解決と国際人権法に基づく人権確立をめざし、日本政府が未だに未批准のままでいる重要な国際人権条約（自由権規約第一選択議定書、国際刑事裁判所規程など）の批准促進活動から「国連ホームページの日本語化」など、国際人権法が日本国内において効果的に活用されるための諸活動を行なっている。研究所の目的（3条）は会則によって以下のように定めている（「国際人権法政策研究所会則」国際人権法政策研究所『国際人権法政策研究』1巻1号〔創刊号〕〔2005年5月〕序vi）。
　「第3条（目的）　研究所は、以下の目的のために国際人権法に関する政策を研究する。
　①　わが国の国際人権諸条約締結を促進し、その実効的な国内実施を実現するための具体的政策を研究・提言し、人権先進国となることを目指す。
　②　残された戦後補償問題を早期に解決できる政策を研究・提言し、被害者・国との和解を促進し、わが国が国際社会において名誉ある地位を占めることを目指す。
　③　わが国が国際人権法の世界的実施に貢献するために必要な具体的政策を研究・提言し、世界人類の人間の安全保障と世界平和の実現を目指す」。
[4] 当初、戸塚悦朗事務局長が単著としてとりまとめて執筆する案もあったが、諸般の事情から、結局それぞれの部分についての原案執筆担当者の著作として分担執筆の形をとることにした。
[5] 資料は、国際人権法関係資料の探索で造詣が深い永野貫太郎弁護士（副所長）に編集を担当していただいた。なお、資料の訳者など本書への掲載を許諾くださった方々に感謝申し上げます。

分だけを直ちに参照し、必要に応じて、解説や資料を参考にするという読み方があってよいであろう。

（戸塚悦朗）

2 日本語版刊行のきっかけ

　本書の出版の背景には、2006年末の教育基本法の「改正」に対し、政府連立与党の法案にある問題を指摘し、この問題に対して当研究所が取り組んできた研究・政策提言がある。

　当研究所では、2005年12月10日「国連人権デー」に寄せて「外国人の子どもを含む全ての子どもの教育への権利の平等保障」を求めて研究所のニュース[6]を発行した。ニュースでは、当時の学校教育法施行令が、就学予定者の名簿（学齢簿）を「住民基本台帳に基づいて」作ると定めているため、外国人登録原票に載っている外国籍の子どもに就学通知が届かない問題を改めるよう主張した。

　世界人権宣言26条は「すべての人は、教育を受ける権利を有する。教育は、少なくとも初等の及び基礎的の段階においては、無償でなければならない。初等教育は、義務的でなければならない」とし、また、同7条は「すべての人は、法の下において平等であり、また、いかなる差別もなしに法の平等な保護を受ける権利を有する」としている。

　2006年末、日本における外国人登録者数は208万人であり、総人口の1.63％を占め、登録する外国籍の人の数はこの10年間で1.5倍と急速に増加しつつある[7]。当然、外国籍を有する子どもの数も増加しているのであり、外国籍の子どもの教育への権利を含む、外国籍の人の基本的人権の保障の必要性はますます高まっている。

　実際に日本の社会が急速に国際化しつつある状況下において、教育基本法が「改正」される動きが出てきた。当研究所では2005年2月7日、参議院会館において本書の翻訳を担当した平野裕二氏に「教育基本法『改正』問題と子どもの権利条約」と題して講演してもらい、研究会を開催した。研究会において

6　戸塚悦朗「人権デーによせて：拷問の禁止を想起しましょう──外国人を含むすべての子供の教育への権利の平等保障の実現を」国際人権法政策研究所『国際人権法政策研究』2巻1号（通巻2号）（2006年）54頁。
7　法務省ホームページ（http://www.moj.go.jp/PRESS/070516-1.pdf）参照（2007年7月16日閲覧）。

平野氏は、教育基本法だけでなく、少年法改正や、次世代育成支援対策推進法（2003年制定）および関係する青少年のための施策などに触れて、日本政府の子どもに関する法令や実務に子どもの権利条約の規定が活かされていない問題を指摘した。さらに、2004年の子どもの権利委員会の日本政府第2回報告書に対する総括所見[8]の中で日本政府に対してなされた勧告に触れ、教育基本法「改正」過程においても勧告と同様に「権利基盤型アプローチ（RBA: a rights-based approach）」[9]が必要であることが主張された。

　本書の出版に際する問題意識は、日本の人権状況に対する根本的な問題意識であり、単に教育基本法「改正」にかぎったことではない。それは、政府連立与党の政策・施策の立案・実施の過程に、日本がその批准により遵守・実施の義務を有している国際人権諸法が、充分に活かされていないことにある。よってまず重要だったことは「子どもの権利条約」によって国際的基準として権威づけられた「教育についての権利（the right of the child to education）」とはどのようなものかを明らかにすること。それによって、教育基本法がどのような考慮から「改正」されるべきなのかを明らかにし、国会での審議に必要な情報を提供することにあった。残念ながら、慎重審議を要望したにもかかわらず、政府連立与党は指摘された多くの批判をまったく無視して、法「改正」を強行してしまった。研究所としては、内容的にも立法過程にも大きな欠陥を抱える新教育基本法に対して、批判的検討を加え、今後真の意味での改正を求めるべきだと考えている。本書の出版には、そうした継続的な研究・政策提言への意志が込められている。

8　2004年1月30日に国連・子どもの権利委員会は、日本政府の第2回報告書に対する最終所見を公表した。「子どもの権利委員会の総括所見：日本」（原文は英語、CRC/C15/Add.231）2004年2月26日。
9　「総括所見」の中で、子どもの権利委員会は日本政府に対し、子どもに関わる法律・政策、さらに条約についての広報・研修といったプロセスに「権利基盤型アプローチ」をとらなければならないと勧告した。日本政府に採用するように勧告されたこの「権利基盤型アプローチ」について、平野裕二氏は以下の5つの要素をもって定義づけを試みている。①「国際人権法の目的および諸原則を充分に踏まえなければならない」、②「条約締約国としての実施義務・説明責任を前提としなければならない」、③「条約および関連の国際人権文書の規定をホリスティックにとらえなければならない（「ホリスティック」とは、要するに、個別の要素を大事にしながら、なおかつ全体的・総合的な視点を維持すること、と説明している）」、④「権利の保有者を軸とした対話、参加、エンパワーメントおよびパートナーシップの精神にのっとっていろいろなものごとを進めていかなければならない」、⑤「子どもの人権および人間としての尊厳の確保につながる変革をもたらそうとするアプローチであること」平野裕二「教育基本法『改正』問題と子どもの権利条約（2005年2月7日講演録）」前掲『国際人権法政策研究』2巻1号（通巻2号）（2006年3月）23～27頁。

3　28条註釈の解説

　本書は、8～53項が28条の適用範囲について述べており、全体の70％以上を占めている。さらに28条1項についての分析がそのうちの65％以上を占めている。

　「第1章　はじめに」にもあるが、本書は、子どもの権利条約に基づく「教育についての権利およびそれに対応する国の義務の内容を明らかにする」ことを目的としている。第1章では、教育についての権利の内容・分類、子どもの権利条約における28条以外の条項との関連性、28条の解釈手段、解釈の根拠について述べられている。なかでも、28条「教育についての権利」以外に、子どもの権利条約の各条文とその「教育」との関わりを以下のように列挙している。

「子どもの権利条約」の「教育」と関わる条文一覧
- 2条：一般非差別原則
- 4条[10]：教育上の権利の実施に関わる規定（条約上の権利を実現するための措置）
- 3条：子どもの最善の利益
- 6条：生命・生存・発達についての権利
- 12条：子どもの意見
- 13～17条：「参加」に関する規定
- 19条1項：教員が行うあらゆる形態の不当な取扱いから子どもを保護する
- 23条3項：障害児に対して効果的な教育を保障する
- 24条2項(e)：健康教育に関する
- 30条：マイノリティまたは先住民族に属する子どもの権利に関わる
- 32条：児童労働
- 44条6項および42条：人権教育に関する＝政府報告書の公開・利用＝子どもへの条約の周知

　「教育についての権利」は、「それ自体が人権のひとつであり、かつ他の人権

10　4条「締約国は、この条約において認められる権利の実現のため、すべての適当な立法措置、行政措置その他の措置を講ずる。締約国は、経済的、社会的及び文化的権利に関しては、自国における利用可能な手段の最大限の範囲内で、また、必要な場合には国際協力の枠内で、これらの措置を講ずる」。

を実現する不可欠な手段であるという教育の二重の側面」(4項)が指摘されるとおり、多様な側面を有する。よって「子どもの権利条約」において、教育に関する重要な条文は28条(教育についての権利)および29条[11](教育の目的)であるが、その他の条文とも無関係ではない。いうなれば、教育という分野において「児童に対し、児童又はその父母若しくは法定保護者の人種、皮膚の色、性、言語、宗教、政治的意見その他の意見、国民的、種族的若しくは社会的出身、財産、心身障害、出生又は他の地位にかかわらず、いかなる差別もなしに」[12]その権利が享受されなければならない。よって、個人の属性が多様化すれば、それに応じて規定すべき条文が必要になってくる。よって「教育についての権利」を認めている主な国際人権文書も「世界人権宣言」をはじめとして多数存在する[13]。

(1) 子どもの権利条約における「教育についての権利」の特徴(5項)

28条は、子どもの権利条約以前にその他の国際人権文書によって定められている教育についての権利(注13参照)のほとんどを反復しており、またとくに社会権規約13条(教育についての権利)に沿った条文である。ただ、28条にお

---

11 子どもの権利条約29条(教育の目的)。
「1　締約国は、児童の教育が次のことを指向すべきことに同意する。
 (a) 児童の人格、才能並びに精神的及び身体的な能力をその可能な最大限度まで発達させること。
 (b) 人権及び基本的自由並びに国際連合憲章にうたう原則の尊重を育成すること。
 (c) 児童の父母、児童の文化的同一性、言語及び価値観、児童の居住国及び出身国の国民的価値観並びに自己の文明と異なる文明に対する尊重を育成すること。
 (d) すべての人民の間の、種族的、国民的及び宗教的集団の間の並びに原住民である者の理解、平和、寛容、両性の平等及び友好の精神に従い、自由な社会における責任ある生活のために児童に準備させること。
 (e) 自然環境の尊重を育成すること。
 2　この条文又は前条のいかなる規定も、個人及び団体が教育機関を設置し及び管理する自由を妨げるものと解してはならない。ただし、常に、1に定める原則が遵守されること及び当該教育機関において行われる教育が国によって定められる最低限度の基準に適合することを条件とする」。
12 子どもの権利条約2条1項。「心身障害」が差別事由に含まれていることも特徴的だが、外国籍の人に対する差別については「国民的もしくは社会的出身(national or social origin)」という事由が該当するだろう。
13 「註釈・子どもの権利条約28条：教育についての権利」2章4項「関連の国際人権基準との比較」では、5つの国際人権文書(世界人権宣言、子どもの権利に関する宣言、教育における差別を禁止する条約、社会権規約、子どもの権利条約)、さらに「教育についての権利」の特定の側面が扱われ、またはとりわけ弱い立場に置かれた集団の教育についての権利が保護されている国際人権文書として「難民の地位に関する条約」をはじめとして7つの文書を挙げている。また、地域レベルの文書として「人の権利および義務の米州宣言」をはじめとする8つの文章、さらに教育の特定の側面について扱っている地域レベルの文書として「地域言語またはマイノリティ言語に関する欧州宣言」をはじめとして2つの文書を挙げている。まさに、教育についての権利は、「いくつかの国際的・地域的および一般的・具体的人権文書において豊かな形で保障されて」(4項)おり、国際人権法のなかで最も広範で学際的な研究が必要な分野のひとつである。

ける「教育についての権利」の特徴として、「既存の国際法における教育上の権利にとどまらず、『新たな側面』を加えている。教育は、保護とエンパワーメントの両方につながるような、子ども中心の、子どもに優しいものでなければならない」としている。28条における「教育についての権利」の特徴は、以下の3点に集約できるのではないか。それは「保護」「エンパワーメント」「子ども中心」という視点である。

① 「保護」について「教育は学校における非人道的な規律運用制度や、子どもの教育を妨げる児童労働から子どもを保護するものであり、子どもの権利条約には、とくに弱い立場に置かれた子どもの教育を確保する具体的な保護措置もいくつか掲げられている」。
② 「エンパワーメント」について「子どもをいっそう解放すること、子どもの自己決定と責任を増大させること、教育において教育において親が決定的役割ではなく導き手としての役割を果たすことが奨励されている」。
③ 「子ども中心」について「既存の国際法における教育上の権利規定を子どもの視点から再概念化した」ものであり「教育についての権利の保有者としての『子ども』に言及」しており「子どもの教育について自己の宗教的・哲学的信念を尊重される親の権利に触れていない」。

とくに「子ども中心」の視点は、子どもの権利条約における「教育についての権利」の「新たな側面をはっきりと証明している」とされる。

(2) 関連する国際人権文書に対する優位性（6項）

子どもの権利条約は、既存の国際人権法上の規定に新たな側面を加えたのみならず「教育についての権利」に関する「既存の国際法上の規定の守備範囲を広げた」ものである。その優位性として以下の5点を挙げている。

① 「教育および職業に関する情報を利用可能・アクセス可能とする義務」（28条1項(d)）という規定によって、すべての者に対し、教育および職業に関する情報および指導を利用可能・アクセス可能とする義務を締約国に課している。
② 「中途退学率の減少を奨励する措置」（28条1項(e)）の規定によって、締約国が定期的な登校および中途退学率の減少を奨励するための措置をとるよう求めている。
③ 「学校の規律と子どもの『人間の尊厳』との適合」（28条2項）の規定によって、学校の規律は子どもの人間の尊厳に適合する方法で、かつ子どもの国際

法上の権利に一致する形で運用されなければならない。この規定は、学校の規律措置が子どもの尊厳および人権（参加権を含む）に従って運用される必要があり、この点で「さらなる価値を有する」。

④　「決定過程への子どもの参加」（28条1項、5条、14条2項、12条）の規定によって、「子どもの教育が子ども自身の宗教的・道徳的信念に従って行なわれることを確保するのに役立つ諸決定に、子どもが参加することが保障されているという解釈が可能」となる。

⑤　「教育に関する国際協力」（28条3項）の規定によって、教育に関する事項についての国際協力を、国際法上の拘束力を有する人権文書のなかでは最も包括的かつ明示的に求めたものである。

(3) 28条の欠点（社会権規約との比較、7項）

7項では、社会権規約の関連条文との比較から、28条の欠点も指摘されている。28条の欠点とは「教育に関する国際法上の保護を、必ずしも最も強力な形で与えているわけではない」という点である。社会権規約の方が、教育の3つの段階（初等・中等・高等）で、締約国に対していっそう強い義務を課している。

(i)　「初等教育段階」における欠点

28条1項(a)では、無償の初等義務教育の確保は「漸進的に実現（achieving this right progressively）」するように国に求めているにすぎない。この「漸進的」という表現は、28条1項の冒頭に出ており、1項(a)から(e)の全項目にかかっている。これに対し、社会権規約13条2項(a)は、無償の初等義務教育を受ける権利は、完全な実現を達成すべき（achieving the full realization of this right）義務として締約国に課している。

(ii)　行動計画に関する規定がない

社会権規約14条では、無償の初等義務教育を確保することができていない国に対し、合理的な期間内に漸進的に実施するための詳細な行動計画を、2年以内に作成しかつ採用することを約束するよう求めている。これに対して子どもの権利条約では同様の行為義務は定められていない。

(iii)　「中等教育段階」における欠点

①　種々の形態の中等教育を発展させる義務が弱い

社会権規約13条2項(b)では、種々の形態の中等教育を「一般的に利用可能であり、かつ全ての者に対して機会が与えられるものとする（shall be made generally available and accessible to all)」という義務が全面的に反映されている。これに対して、28条1項(b)は、種々の形態の中等教育について社会権規約と同様の規定を定めたうえに「発展を奨励（Encourage the development）」するという文言が加えられている。これによって、同様の義務が若干弱まっている。

② 無償の中等教育の実現の義務が不明確

社会権規約13条2項(b)における「特に（in particular）」の文言は、無償の中等教育の実現に向けた措置をとる明確な義務があることを明らかにするものである。これに対して、28条1項(b)における「例えば、無償教育の導入（such as introduction of free education）」という表現は、すべての子どもが教育を利用できるようにする方法のひとつの例として、無償の中等教育の導入に言及しているにすぎない。子どもの権利条約の締約国には、すべての子どもが中等教育を利用できるようにすることが他の手段によって可能であれば、中等教育を無償とする義務はないのである。

(iv) 「高等教育段階」における欠点

無償教育を導入する義務がない。社会権規約13条2項(c)では、無償教育を導入する義務が掲げられている。これに対して28条1項(c)では、無償の高等教育を組織する義務も、その方向に向けて何らかの措置をとる義務も、国にはない。

ただし、これらの欠点は、子どもの権利条約41条に掲げられた救済条項によって埋め合わせることが可能な場合もある。同41条には、国内法または適用可能な他の国際文書にこの条約よりも高い基準が掲げられている場合、高いほうの基準が適用されることが定められている。

(関本克良)

4　28条註釈の活用方法

では、本書はどのように活用できるだろうか。本書は、読者の関心に応じて無数といってよいほど多くの人権侵害例に応用できるであろう。わずか1行の記述が、子どもの重大な人権侵害問題を解決する手がかりになることも少なくないであろう。

どの範囲の事実にどの記述を援用することが可能かについては、教育問題の実態を体験し、それぞれの事例にぶつかった人々、たとえば子ども（自身もあり

うるが）の保護者やその親族、教員・福祉ケア・ワーカーなど現場に近い人々がまず第一次的に活用することになるだろう。それらの人々から相談を受けた人々、たとえば、学校関係者、法律実務家、法学研究者、NGO活動実務家、ジャーナリスト、行政担当者、地方議会・国会議員なども第二次的に判断に迫られることになるだろう。それらの広がりは、おそらく当研究所が研究し尽くせないほど幅広いものがある。

　当面、応用を検討する際の参考になるように、当研究所が強い関心をもって研究した2つの日本における重要な教育問題に関するケース・スタディーを、実例として挙げておきたい。これら2つは重大な人権侵害問題を提起しているが、決してこれらだけが28条に関わる重要な問題であると誤解されることがないように希望する。これらは、当面の研究所の立場を述べているものであって、読者への参考情報にすぎない。これらが、読者によるもっと多様な28条の活用の検討がなされる契機となれば幸いである。

（戸塚悦朗）

第 2 章

著者ミーク・ベルハイドの研究歴と業績

1 著者略歴

　著者ミーク・ベルハイド（Mieke Verheyde）氏はどのような人物であろうか。それがこの本の持つ位置づけと重みを定める重要な要素として参考になる。多くの読者がそのように考えるだろう。だから、ここで詳述する必要がある。

　本編冒頭の短い著者紹介を簡単に整理してみると、次のような著者像が浮かび上がる。

①著者はベルギー人であって、学歴としては、ルーベン大学（ベルギー）で法学を学び、ステレンボッシュ大学（南アフリカ）で法学修士号を、パドバ大学（イタリア）で人権・民主化に関する欧州修士号を授与されている。

②研究歴については、本書を含むシリーズの研究プロジェクトに参加している。主要な研究分野は、女性の権利問題、子どもの権利条約、欧州人権裁判所および米最高裁判所による子どもの権利の保護である。

③職歴については、ベルギー連邦雇用労働省大臣官房等に勤務していたことがあり、本編出版当時はゲント大学人権センターの研究員であった。

　簡単だが、著者が子どもの権利条約のコンメンタールを執筆するにふさわしい学識と研究歴を備えていることが理解できよう。ベルギーにとどまることなく、南アフリカおよびイタリアにも滞在して、深く法学を学び、広い国際経験を積んだ研究者であることがわかる。これで十分と思う読者もあるだろう。そういう方は、以下を読み飛ばしていただいてもよいであろう。

　しかし、「まだ情報不足でよくわからない」との不満が残るかもしれない。いったいベルハイド氏は、男性なのか女性なのか？　何歳ぐらいの研究者なのか？　訳書出版時点での現職は、今も同じなのか？　どのような研究の蓄積のうえで、本編を執筆したのか？　筆者が少し想像しただけでも、すぐにこのぐらいの

疑問が湧いてくる。まだまだ多くの質問を読者から受けそうだ。「もう少し知りたい」という好奇心旺盛な読者向けに、より詳しい著者紹介を試みよう。

このような情報は、個人情報を含むので、著作の著者紹介としては、必要がないものといえるかもしれない。しかし、「日本ではなぜ本編のような世界的に注目される国際人権法上の研究が生まれないのか？」という疑問が解けない。「日本の状況を改善するヒントを得るためにも、著者について調査してみることは必要ではないか」と思うのは、筆者だけだろうか。

インターネットで検索してみた。http://www.law.ugent.be/pub/iuap/pdf/verheyde.pdfで履歴書が公開されているので、詳しい研究歴などを入手することができた。しかし、よく見ると本編出版当時の情報らしく、現職についてはその当時以降の情報はない。相当詳しいのだが、上記のような質問に答えられる情報は含まれていない。

著者紹介を書いてみようとしても、イメージが湧かず、書き始めることがなかなか困難であった。そこで、著者にEメールで連絡して、「本書の著者紹介のために最近の情報を送っていただけないか」と尋ねてみた。幸い、著者から「インターネットの情報は、古くなっているので最新の履歴書[1]を使ってください」との返事があり、最新情報を送付していただくことができた。これでもう少し詳しい著者像を描くことができるようになった。

著者ベルハイド氏には、優れた研究をまとめていただき、国際人権法政策研究所編集によってその翻訳を日本語で出版することにご協力いただいただけでなく、そのうえご自身に関する最新の詳細な情報を開示していただいた。あわせて、厚くお礼申し上げたい。

2　著者経歴の詳細

ベルギー国籍を持つベルハイド氏は、1972年10月生まれである。本稿執筆時点である2007年8月現在では、34歳という新進気鋭の女性研究者である。家族については、事実婚（Cohabiting）で、一児の母である。

本編を含むシリーズ自体、世界最先端の研究であり、まだ他に類書がない。そのシリーズの編集委員の一人を務めるほか、子どもの権利条約28条に関す

1　2007年7月4日付けのEメールでご送付いただいたものである。

る最新の研究を仕上げた。最先端の優れた国際人権法に関する研究書を執筆したベルハイド氏は、きわめて優秀な若手研究者と評価できる。

　完成した壮年の研究者の多くは、すでに権威者として一分野の研究を確立し、教授クラスになっているが、これまでの研究分野の仕事に忙しく、新しい研究分野に手をつける余裕がないのが普通であろう。だから、1989年に採択され、1990年に発効した、まだ生まれて間もない子どもの権利条約など最先端の分野については、ベルハイド氏のような若い研究者だからこそ、オリジナルな優れた研究成果を上げることが可能だったともいえるであろう。

　まだ「若い」研究者といっても、子どもの権利に関するベルハイド氏の研究歴は、これまでに8年間になる。普通博士論文を仕上げる期間は、どこの国でも3、4年間である。それと比較すると、8年間という時間は、特定の分野でかなりの研究を仕上げる期間としては十分と考えるべきであろう。

　現職が以前と同じかどうかだが、最近新たな職に就いていることがわかった。ベルハイド氏は、2007年3月から子どもの権利に関するベルギー全国委員会事務局の専任事務局員に採用されていたのである。その職務などの詳細については、後述する。

3　研究成果の背景

　それにしても、なぜ若手研究者であるベルハイド氏が世界的に注目される優れた国際人権法上の研究成果を仕上げることができたのであろうか。もちろん、ベルハイド氏がもともと研究者として優れた資質を持っていたこともあるだろう。そのうえ、同氏が子どもの権利の分野に早くから目を向け、長期間特別の情熱を注いで、熱心に研究した成果が実ったといってよいのであろう。

　残念ながら、日本からはこのような成果は出にくいのが現状ではないか。年功序列の男性中心社会日本では、若手の女性研究者の研究成果はどれだけ高い評価を受けているだろうか。このような研究に専念できるようなポストに若手研究者を採用することはあまりないのではないか。日本の研究者グループや出版社がそれだけの活躍の場を与えるだろうか。どの国にあっても家庭責任を持つ女性が世界的な研究を仕上げるのはなかなか困難であろう。日本では男女役割分担の固定観念が欧米先進国よりも格段に強く、女性研究者は研究に専念することが困難なのが普通であろう。

日本も、子どもの権利条約を批准したから、日本全国の子どもとその権利に関するデータを収集し、関係者の意見を聴き、政府報告書をまとめる法的義務がある。そして、子どもの権利に関心を寄せる多くの善意の人たちは日本にも少なくない。日本政府は、その義務を履行するためにベルギーでのように子どもの権利の実態について調査研究するための全国的な独立機関を設置する努力をする必要があるのに、そのような動きはない[2]。ベルギーには、ベルハイド氏を専任事務局員に採用した子どもの権利に関する全国委員会が設置されている。そのような背景があるからこそ、これだけの業績を上げる研究者が育つのであろう。そのような特定の分野の業務のために専門的な職務に就くことができる専任研究者が日本にはいない。だから、ベルハイド氏に匹敵する世界的な研究者が日本から生まれないのは当然のことであろう。

4　多言語能力

　それだけでも十分な説明にならないかもしれない。履歴書を見てわかったのは、ベルハイド氏が多言語を自由に操ることができるという日本人には真似ることが困難な能力を備えている事実である。
　履歴書に同氏の言語能力についての記載があるが、オランダ語、英語、フランス語の読み、話し、書く能力は、ほとんどすべてが最高水準（5）であるという。

---

[2]　日本政府は、第2回政府報告書審査に際して、国連・子どもの権利委員会から以下のような勧告（CRC/C/15/Add.231、2004年2月26日）を受けていることに注目されたい。http://www.mofa.go.jp/mofaj/gaiko/jido/0402/pdfs/0402_j.pdf参照（2007年8月6日閲覧）。
「独立した監視
14. 委員会は、条約の実施状況を監視するための全国的な独立した制度が存在しないことを懸念する。また同時に、委員会は、3つの県が地元でオンブズマンを設立したとの情報及び人権委員会設立に関する法案が次期国会に再提出されるとの情報を歓迎する。代表団によって提供された、法案では人権委員会が法務大臣に対し責任を負うことを想定しているとの情報に照らし、委員会は、その機関の独立性につき懸念を有する。加えて、計画されている人権委員会が、条約の実施の監視に関して明確な権限を付与されていない点につき懸念を有する。
15.児童の権利の保護及び促進における国内人権機構に関する一般コメント第2号（2002年）に照らし、委員会は、締約国が、(a)人権の保護及び促進のための国内機構の地位に関する原則（パリ原則、総会決議48/134、別添）に従い、予定されている人権委員会が独立かつ効果的な機関を確保するよう、人権擁護法案を再検証すること、(b)人権委員会が、条約の実施を監視し、児童からの申し立てに対して、児童の立場にたって、迅速な手法で対応し、また、条約に基づく児童の権利の侵害に対する救済方法を提供するための明確な権限を付与されるよう、確保すること、(c)都道府県における地方オンブズマンの設立を促進し、それらオンブズマンと人権委員会と調整するための制度を設立すること、(d)人権委員会と地方レベルのオンブズマンに適切な人材と財源を供給し、児童が利用しやすいものとするよう確保すること、を勧告する」。

フランス語については、読み、話す能力は最高水準(5)だが、書く能力のみが少し低い（といっても、4レベルである）。トリリンガルであるうえ、ドイツ語を読み(3)、話す(2)こともある程度できるというのである。そうすると、4つの言語の文献を活用できることになるから、外国語の能力がそれほどに至らないのが普通の日本人研究者に比較すると、格段に多くの情報を迅速かつ的確に入手することができるだろう。とくに、英仏語の情報がほとんどである国際人権法分野を対象とする研究者としては、非常に有利な資質である。これも、日本の多くの研究者にはなかなか達成できない優れた研究を生むことができた大きな要因であろう。

「なぜこのような高度の言語能力を獲得できたのか？」と不思議に思うが、ヨーロッパ、ことにベルギーでは珍しくないのかもしれない。その一端を理解するために、ベルハイド氏の経歴を見てみよう。

5 学歴

ベルハイド氏は、子どもの権利条約が発効した月である1990年9月にベルギーのルーベン・カトリック大学（K.U.Leuven）に入学し、5年間法学を学び、1995年6月に「Licentiate in Law」[3]を授与された。この法学リセンティアテの資格は、通常の学士号より高度のものであり、法学修士と同視されている。

ベルギーではフランス語が使われていると考えていたが、ルーベン・カトリック大学[4]は、ベルギー北部フランダース地域にあり、この地方ではオランダ語が一般的に使われている。現存する最古のカトリック大学で、創立は1425年と6世紀の歴史を重ねた大学である。学生数は31,000名以上、教員数は5,287名、職員数は2,730名と規模も相当大きい。世界有数の大学として高い評価を得ていて、ヨーロッパの大学ランキングでは、研究の生産性をとってみると、10位以内に入る。

学費[5]についての目安だが、通常の標準的学費は€58.10（約1万円）の基本

---

[3] 同大学では、この資格を得た学生は、修士コースを経ず、直接博士課程に進学し、3～4年間で、オランダ語、フランス語、英語またはドイツ語のいずれかによる研究で博士号を取得できる。http://www.law.kuleuven.ac.be/english/参照（2007年8月3日閲覧）。
[4] KULウェブサイトから歴史の項（http://www.kuleuven.ac.be/english/about/history.htm）参照（2007年8月3日閲覧）。
[5] http://www.kuleuven.be/registration/fees/feesEHEA.htm#bac参照（2007年8月4日閲覧）。

学費プラス1単位当たり学費€7.90（約1,500円。年60単位とれば約9万円）の合計で、日本円に概算すれば約10万円である。法学修士（LL.M.）のような専門的修士コースの場合は、最近学費が€5,600（約100万円）に上った。これは計算の仕方によれば、学部の10倍の学費に高騰したことになり、KUL卒業生が母校の法学修士コースに進学することは困難になった。

　ルーベン・カトリック大学卒業後である1996年2月のことだが、ベルハイド氏は、はるか遠く南半球南端の南アフリカにあるステレンボッシュ大学（SU）[6]の法学修士コースに入学した。

　1685年オランダ改革派教会がステレンボッシュに2番目の教区を設立したとき、正規の学校が設置された。南アフリカでも最も古い都市で、教育機関の設置も進んでいた。1879年ステレンボッシュの200周年を期して、すでに設置されていた同大学の前身であるアーツ・カレッジのために大きな校舎を建設することが決議された。これは、英国のビクトリア女王にちなんでビクトリア・カレッジと名づけられたが、1918年ステレンボッシュ大学となった。現在では、SUは、学生数22,000名を擁し、ドイツ、オランダ、米国などと密接な交流を実現し、国際的な地歩を確立しつつある。教育のための使用言語[7]は、学部では基本的には英語とアフリカーンス語であり、コサ語（isiXhosa）学習も奨励されている。大学院では英語が主要言語である。

　学費[8]は、法学士（LL.B.）コースで概算年17,280ラント（約30万円）かかる。しかし、国際交流と留学生の受入れプログラム[9]は充実しているようである。ルーベン・カトリック大学とは協定があり、学費は免除されているが、ベルハイド氏は、このような特典を活用したのであろうか。いずれにしても、ベルギーの母校と提携関係があったことは、同氏がステレンボッシュ大学に留学するのに際しては、かなり有利な条件だったのではないだろうか。

　1997年3月法学修士号（LL.M.）を授与された。同大学でも、ヨーロッパの多くの大学と同様に、以前一般的だった2年間の修士コースを1年余に圧縮した

---

[6] SUウェブサイト歴史の項（http://www.sun.ac.za/university/history/history.htm）参照（2007年8月4日閲覧）。
[7] http://www.sun.ac.za/university/taal/verkortetaal_eng.doc参照（2007年8月4日閲覧）。なお、南アフリカの公用語は、これら3言語を含めて11言語ある。南ア在東京大使館ウェブサイト。http://www.rsatk.com/Japanese/j-faq/j-faq.htm参照(2007年8月4日閲覧)。
[8] http://sun025.sun.ac.za/portal/page/portal/Maties/English/Finances/Teaching%20fees 参照（2007年8月4日閲覧）。
[9] http://www0.sun.ac.za/international/mabroad.php?page=partners参照（2007年8月4日閲覧）。

ようである。ベルハイド氏は、法学修士(LL.M.)コースを13カ月で修了している。

なお、就職後のことで、後述する職歴の第2期の間であるが、ゲント大学の研究員として勤務していた間にも、1年間の大学院での教育を受けている。サバティカルをとることができたのであろうか。2001年9月から2002年9月の間、パドバ大学（イタリア）とロバート・シューマン大学（ストラスブルグ、フランス）で研究に従事し、人権・民主化に関する欧州修士号を授与されている。

6　初めての論文出版

1997年ベルハイド氏の初めての論文[10]が出版された。ベルギーで出版された書物 (DE GROOFら編集による『南アフリカの教育における人権』と題する英語による研究書で、出版社はLeuven Acco.) に掲載された。おそらくは、ステレンボッシュ大学のLL.M.コースで学んだ際に南アフリカの教育や子どもの権利について研究し、その成果が基盤になってできあがった論文であろう。K. Van Raemdonck氏との共著論文で、南アフリカとベルギーにおける教育への権利に関する比較研究である。

この段階で、法学修士号 (LL.M.) の取得と専門的な研究論文の公表が揃った。これでベルハイド氏は、専門家となるために必要な力量を示すことができたので、法学のプロフェッショナルとしてのキャリアを築くためのスタートラインに立ったといえる。

7　職歴

(1)　職歴の第1期

ベルハイド氏は、1998年2月にベルギー・ブラッセル所在のゲント大学社会法学科研究員に採用され、ベルギー連邦雇用労働省に派遣され、専門家としての登竜門をくぐったのである。

職務は、1998年8月までは、平等賃金と労働の評価に関する欧州プロジェクトに関与し、欧州諸国について研究し、比較研究に携わるとともに、欧州のセ

10　VERHEYDE, M., in co-operation with VAN RAEMDONCK, K., "The right to education in South Africa and Belgium: a comparative perspective" in *Human Rights in South African Education,* DE GROOF, J. and MALHERBE, E.F.J. (eds.), Leuven, Acco, 1997, pp. 247-293.

ミナーとベルギーのセミナーを共同主催することであった。1998年10月以降は、男女機会均等(オランダとフランス版)に関する国際立法、欧州およびベルギーの立法、司法および法的理論に関し条文等を収集研究することの調整および起草に携わった。

　第1期の職責は、男女雇用平等問題をはじめとする女性差別撤廃問題に関して、法律専門研究者として主としてベルギー政府のために働くことにあった。修士号を得て間もない研究者にこのような重要な職務が与えられるのは、通常のことなのであろうか。その職務のため、この分野でも、ベルハイド氏はエキスパートになったと思われる。

　1999年9月から同年12月までは、ベルギー連邦雇用労働省の機会均等局長(The Equal Opportunities Directorate)の協力研究者を務めた。職務は、男女機会均等に関する法律問題(たとえば、労働市場の女性、決定者としての女性、暴力と女性など)。機会均等に関する法改正、法的助言、セミナーにおける講演をも含む。主要な職務は、国連・女性差別撤廃条約選択議定書へのベルギーによる加入の準備作業および仕事と家庭生活の両立を可能にする戦略に関する啓発などであった。

　日本でも国家公務員試験上級職法律職試験に合格して採用された国家公務員には、早くから法改正作業など重要な職務が与えられることがあるであろう。しかし、通常は法学部卒の上級職試験によって採用されたキャリアといわれるエリート官僚が法案の起草などの重要な職務を与えられるのであって、専門分野で修士号、博士号を取得し、研究能力をつけた研究者でも、公務員試験を受けていない者にはこのような職務が与えられることはないのではないか。日本の法律職の公務員の場合は、法学士が多く(法学修士など法律専門家・研究者としてではなく)、常勤のジェネラリストとして採用されるのである。短期間で転勤などにより、職務内容はめまぐるしく変わってしまうのが普通だろう。技官でない場合は、専門的な研究経験は蓄積されにくいであろう。

(2) 職歴の第2期

　ベルハイド氏の職歴は、上記した2年間を第1ステップとして、2000年1月ゲント大学憲法講座・人権センターのJ・バンデ・ラノッテ教授の下で研究員として採用されたことで第2期に入ると考えてよいであろう。このことで、職務は、行政内での活動から、次のような研究教育活動に大きく転換した。新しいベルハ

イド氏の研究教育上の職務内容を詳しく見ると、かなりの過重負担ではないかと思われる。しかし、その職務が、本編の研究成果に直結することになったのである。

第1に、国連子どもの権利条約に関する学際的大学間研究プロジェクトに関与し、欧州人権裁判所による子どもの人権保護に関する学術博士をめざす研究に従事する(進行中)。

第2に、子どもの権利条約(CRC)コンメンタールの編者および共同執筆者としての研究活動がある(進行中)。1989年国連子どもの権利条約に関するこの国際的法学コンメンタールは、人権と子どもの権利に関する数名の国際的な専門家によるものである。このコンメンタールは、本質的に法学的性格を持ち、この条約と2つの選択議定書の実体法規定、組織機構規定、手続規定を網羅して、条文ごとに分析する。これは、子どもの権利に関する主要な新参考文献となる研究である(進行中)。

第3に、教育上の職務もある。ゲント大学で欧州人権条約に関する講義(学部課程)、同じく子どもの権利に関する講義(修士課程)その他の大学等での客員講義がある。子どもの権利に関する国内、国際会議・コースでの発表も行なう。試験の採点などもある。

第4に、大学間、学際的諸分野間の子どもの権利に関する研究ネットワークの調整にあたる。

第5に、人権および子どもの権利問題に関する国際セミナー・会議・夏期コースの共同主催に従事する。

この第4、5については、企画、財政的プロジェクト報告書、年次報告書の作成、会議の主催なども職務に含まれる。

2005年11月までは、フルタイムで同じ職場で約6年間働いた。それ以降2006年12月まではハーフタイムに変わり、その後現在までは任意(約10%)ベースで、ゲント大学のこの職務を継続している。

ベルハイド氏は、2005年12月から2007年6月までの間、ハーフタイムで、子どもの権利教育に関するEUの"Phare"プログラム[11]の国際子どもの権利専門家として、ルーマニアの首都ブカレストに派遣された。その職務は以下のとおり

11　EUからの中央・東ヨーロッパ諸国の援助計画。http://www.fern.org/www.fern.org/pubs/briefs/phare.htm参照(2007年8月5日閲覧)。

である。

　第1に、子どもの権利に関する教育と学習マニュアルを作成するチームの調整を、日常活動をする子どもと定期的に接触しつつ行ない、かつそのマニュアルの共同執筆を主導する。

　第2に、子どもの権利教育に関する地域トレーナーを専門化するための、トレーナーのトレーニングを監視する6名の専門家チームの調整をするとともに、自身でも監視する。

　第3に、子どもの権利に関する支援サービスの全国的導入のための全国セミナーおよび子どもの権利に関する全国会議を組織する。主として、これらの催しのプログラムに責任を持つ。

　第4に、数件の子どもの権利に関する啓発キャンペーンを組織し、数点のリーフレットを発行し、国連CRC委員会に対して子ども自身が報告を提出する制度を創設するために専門的な助言をする。

　ベルハイド氏は、この職務を通じて、国際機関から専門家として派遣され、外国の専門家の指導、共同作業を通じて、外国の子どもの権利の実態に触れ、国連・子どもの権利委員会の活用方法を実地に試行することとなった。この経験は、本編の研究に関する知見を外国でも現場体験により、いっそう深めることに役立ったに違いない。

(3)　職歴の第3期

　ベルハイド氏は、2007年3月現職に就くため、2度目の転職をした。

　子どもの権利に関するベルギー全国委員会事務局の専任事務局員に採用されたのである。この委員会は、国連・子どもの権利条約の国内的実施状況を監視するために設置された独立人権機関であり、首都ブラッセルにある。

　ベルハイド氏の職務は、子どもの権利条約に関するベルギー政府の定期的報告書作成のための調整、ベルギーにおける子どもの権利の実現に関して、残された課題に関してすべての関係者が参加するワークショップの開催（政府報告への少数意見および行動計画を帰結することになる）、子どもとその権利に関するデータの収集である。

　以上のとおり、ベルハイド氏は、子どもの権利条約コンメンタールの編集者としての経験、28条コンメンタールの執筆の業績ほか、子どもの権利に関する研究と教育、国際的な活躍などを積み重ね、いずれの点から見ても、この分野で

誰からも信頼されるエキスパートと評価されるだけの地歩を築いてきた。ベルギーで現職に採用されたのは、至極当然のことと思われる。

(4) EU諸国および欧州外の諸国での活躍

　ベルハイド氏は、職歴の第1期から第2期にかけて、以下のとおり、ベルギー国外で子どもの権利の分野で国際的に活躍している。

　1998年8月から9月の間、南アフリカ（プレトリア）において、子どもに対する性犯罪に関する南アフリカ法の改革に関するプロジェクトに協力した。法律委員会（Law Commission）が子どもに対する性犯罪の分野での法の改善のために提出を受けた、関係団体からの諸提案を詳細に分析した。

　2000年8月から9月までの間に、南アフリカ（ケープタウン）の西ケープ大学の地域法律センターの客員研究員として、子どもの権利条約12条（児童の意見表明権）の実施に関する研究に従事した。

　2005年10月には、南アフリカ（ケープタウン）で開かれた国際人権アカデミー（2005年〜ケープタウン）で子どもの権利に関して講義したほか、西ケープ大学で、人権に関する修士コースで、欧州人権システムによる子どもの権利の保護に関して講義した。

　2003年10月、2006年2月、2007年2月には、マルタ大学人権と民主化に関する地中海修士コースで子どもの権利に関して講義した。

　2005年5月から2007年7月までは、前述したように子どもの権利教育に関するEU "Phare" プログラムの子どもの権利国際専門家としての職務に従事している（現在進行中）。

8　研究業績

　ベルハイド氏の業績目録の文献リストを一見すると、きわめて生産的な研究者であることがわかる。1997年に前述した初論文を発表してから今日までの10年間に、ほとんど毎年のように数編の著書・論文等を英語とオランダ語で公表している。リストのすべてを挙げると、紙数をとりすぎるであろう。本文に外国語のリストをあげるのも読みにくいであろうから、代表的な著作だけに限って、文末注に要約したリストを挙げておく。ベルハイド氏は、本編の28条コンメンタールを、著書ではなく、論文としてリストに掲載している。ここでも、その分類をそ

のまま維持した。なお、講演リストまで入れるとさらに分量が増えるので、これは省略した。

　ベルハイド氏の研究の発展を年次的に鳥瞰すれば、その研究成果の発展の経過がわかる。その流れのなかで本編がどのような位置づけにあるかも自ずから明らかになるであろう。ベルハイド氏が、この分野で世界的に注目されるかなり傑出した新進気鋭の研究者であり、その著作を日本語で翻訳、出版することが適当と思われることを読者も理解されるであろう。

9　まとめ

　ここまでベルハイド氏の紹介を書いてみて、あらためて思うことがある。「なぜ、ベルギーにこのような研究者と研究が生まれるのか？　その要因は何か？」という問いが第1である。第2に、「日本にはこのような業績を産む研究者が生まれるであろうか？」という問いも頭を離れない。それについての筆者なりの印象は、折に触れ本文中で記したところを想起されたい。日本は、ベルハイド氏の著作から学ぶだけでなく、同氏を生んだベルギー、欧州、さらには世界から学ぶ必要があるであろう。

　当面は、「日本でこのような研究を生むことを期待するのは困難である」という印象が強い。そうすると、欧米の優れた研究を翻訳して、これを出版するというこれまでの日本の学問のあり方を変革することは、当面は困難であろうと考えるしかない。それを改革するには、今後1世紀を要するかもしれない。

　ここでは、子どもの権利条約の研究者について考察したが、国際人権法分野に共通していえることだろう。国際人権法分野は、特殊なのであろうか。

　国際機関が生まれて以降、国際関係は変わった。従来の二国間の関係を中心とする国際関係の理解の仕方では、対応ができなくなったのである。国際連盟・ILOに象徴される国際機関には日本は1919年という早期に中心的な立場で参加した。それもつかの間で、1930年代からは国際社会を相手に大戦争を仕掛けるという政策を選択し、国際機関とは関係を絶った。敗戦後、1950年代になって、ようやく国連に加盟するという形で国際機関に復帰した。しかし、日本は、未だに日米関係など二国間の国際関係を意識しすぎて、多国間の国際関係を重視しないという問題を抱えている。国連中心主義という国是は、建前倒れに終わっている。そのような流れのなかでは、日本において、国際人権法の

理解が進まないのは無理もないかもしれない。

しかし、これは国際化が遅れている分野の象徴であるにすぎない。実は、すべての分野で国際化は問題を抱えている。それを克服する必要があるだろう。

まず、第1に、誰でも多言語（国際語である英語を含む）を自由に活用できる能力を習得する必要があり、早期に（幼児期から）これを育てる教育制度・活動を創設する必要がある。

第2に、高等教育レベルでは、少なくとも日本語と英語双方による教育・研究活動を可能にするために、大学の学部・大学院の質的転換を実現する必要がある。

第3に、すでに高等教育機関の国際交流をはじめ、ある程度の国際化のための活動は始まっている。しかし、学生があらゆる分野で国際的活動を早期に体験的に学ぶことができるような新しい教育活動[12]を創造し、一般化することが必要である。

第4に、少なくとも、国連が発信している情報を日本語化して、日本語を解する人々にインターネットを通じて公開することができる。これは、日本に居住するあらゆる人々の国際化に大きな役割を果たし、研究教育の国際化を支えることになるであろう。

第5に、国際人権法分野について言えば、日本が国際人権法を遵守するという憲法上の法的責務を深く認識し、実効的な実施を実現する政治的決断をすることが必要である。そのうえで、国際人権機関の勧告を尊重するという司法の義務の実施を現実のものとするためにも、国際人権機関への個人通報権を承認するため、人権条約（自由権規約および女性差別撤廃条約）の選択議定書を批准し、個人通報権制度を持つ人権条約については、これを認めるに必要な宣言をすることが可能である。

第6に、人権条約を尊重する意味からも、人権条約上の義務の国内的な実施を監視し、人権侵害の調査を担当し、人権条約上の人権機関への報告書を起草する作業を行なうための独立の人権機関を創設することも可能である。人権条約ごとに創設してもよいし、すべての人権について扱うことができる人権委

12　筆者は、国連人権NGO活動を体験しながら、国際経験を積む授業を工夫し、2000年から神戸大学国際協力研究科、2003年から龍谷大学法学部・大学院で実施してみた。ユニークな取組みとして、学生・院生は熱心に参加し、マスメディアなどは一定の注目をしたが、制度化することはできなかった。日本の現在の大学制度のなかでは、必要性についても大方の一致が見られず、位置づけが困難である。今のところ、個人的な教育活動にとどまり、継続が困難な現状にあることを告白せざるをえない。

員会を1つ創設してもよいであろう。このような機関は、ベルハイド氏のような専門家を採用して、専門分野の職務にあたることを可能にすることができるであろう。

　日本と日本人が国際関係に敏感でないのは、地理的、歴史的、政治的、言語的な諸問題が総合的に原因をなしているからであろう。だから、簡単にこの問題を解決することは困難である。しかし、日本も、好むと好まざるとにかかわらず、現在進行中の「グローバリゼーション」の流れを無視することはできない。交通手段の著しい発達による膨大な人々の国際交流の進展ばかりでなく、インターネットに象徴されるIT技術の高度の発達による情報の国際化もある。それらに加速されている経済的・文化的な国際化の奔流は到底避けることはできない。

　このような時代の要請を正確に認識したうえで、上記のような変革を進める強力な政策が必須ではなかろうか。

［ベルハイド著作一覧］

【著書】
ALEN, A., VANDE LANOTTE, J., VERHELLEN, E., ANG, F., BERGHMANS, E. and VERHEYDE, M. (eds.), *A Legal Commentary on the UN Convention on the Rights of the Child,* Leiden, Martinus Nijhoff Publishers, 2005-ongoing; Http://www.brill.nl/default.aspx?partid=18&pid=22373;

ALEN, A., BOSLY, H., DE BIE, M., VANDE LANOTTE, J., ANG, F., DELENS-RAVIER, I., DELPLACE, M., HERMAN, C., REYNAERT, D., STAELENS, V., STEEL, R. and VERHEYDE, M. (eds.), *The UN Children's Rights Convention: theory meets practice,* Antwerp, Intersentia, 2007, 658p.;

ANG, F., BERGHMANS, E., CATTRIJSSE, L., DELENS-RAVIER, I., DELPLACE, M., STAELENS, V., VANDRESSE, C., and VERHEYDE, M., *Participation Rights of Children,* Antwerp, Intersentia, 2006, 255p.;

VERHEYDE, M. and HUMBLET, P. *Wetswijzer Gelijke Kansen, Overzicht van wetgeving inzake gelijke kansen voor mannen en vrouwen/ Code de l'egalité, Recueil de législation en matière d'égalité des chances entre hommes et femmes* (Bilingual codification of the most important international, European and Belgian legislation, regarding equal opportunities for men and women), Brussels, Ministerie van Tewerkstelling en Arbeid, 1999, 488 p.

【論文】
2007年
VERHEYDE, M., "Children's Rights Protection by the European Court of Human

Rights - Analysis of recent child-related judgements of the Court", in ALEN et al (eds.), *The UN Children's Rights Convention: theory meets practice*, Antwerp, Intersentia, 2007, pp. 107-119;

VERHEYDE, M., "De Betekenis van het Kinderrechtenverdrag voor het onderwijs" (The significance of the UN Convention on the Rights of the Child for Education), *Tijdschrift voor Onderwijsrecht en Onderwijsbeleid* (Belgian Journal for Education Law and Policy), 2007, pp. 244-257;

2006年

VERHEYDE, M., "Article 28: The Right to Education", in ALEN, A., VANDE LANOTTE, J., VERHELLEN, E., ANG, F., BERGHMANS, E. and VERHEYDE, M. (eds.), *A Legal Commentary on the Convention on the Rights of the Child*, Leiden, Martinus Nijhoff Publishers, 2006, pp. 1-69;

VERHEYDE, M., in co-operation with GOEDERTIER, G., "Articles 43-45: The Committee on the Rights of the Child", in ALEN, A., VANDE LANOTTE, J., VERHELLEN, E., ANG, F., BERGHMANS, E. and VERHEYDE, M. (eds.), *A Legal Commentary on the Convention on the Rights of the Child*, Leiden, Martinus Nijhoff Publishers, 2006, pp. 1-50;

VERHEYDE, M., "Participation at School", in ANG, F., et al., *Participation Rights of Children*, Antwerp, Intersentia, 2006, pp. 181-198;

2005年（略）

2004年

VERHEYDE, M., "Kinderen en het Europese Verdrag voor de Rechten van de Mens" (Children and the European Convention on Human Rights), in VERHELLEN, E., CAPPELAERE, G. en DECOCK, G. (eds.), *Kinderrechtengids: Commentaren, regelgeving, rechtspraak en nuttige informatie over de maatschappelijke en juridische positie van het kind*, Gent, Mys en Breesch, Deel 1-1.1 (2004), pp. 1-76;

VERHEYDE, M., in co-operation with GOEDERTIER, G., "The Activities of the UN Committee on the Rights of the Child" in VERHELLEN, E. and WEYTS, A. (eds.), *Understanding Children's Rights - 2003*, Gent, Children's Rights Centre, 2004, pp. 409-448;

2003年（略）

2002年

VERHEYDE, M., "The Convention on the Rights of the Child as a Tool for the Promotion of Education Rights" in VAN DER AUWERAERT, P., DE PELSMAEKER, T., SARKIN, J. and VANDE LANOTTE (eds.), *Social, Economic and Cultural Rights, An Appraisal of Current European and International Developments*, Antwerpen-apeldoorn, 2002, pp. 77-96;

VERHEYDE, M., in co-operation with GOEDERTIER, G., "The Activities of the UN Committee on the Rights of the Child" in VERHELLEN, E. (ed.), *Understanding Children's Rights - 2000*, Gent, Children's Rights Centre, 2001, pp. 377-412; Dutch Translation in VERHELLEN, E., CAPPELAERE, G. en DECOCK, G. (eds.),

Kinderrechtengids: Commentaren, regelgeving, rechtspraak en nuttige informatie over de maatschappelijke en juridische positie van het kind, Gent, Mys en Breesch, Deel 1-1.1 (2002), pp. 1-39.

2001年(略)

2000年

VERHEYDE, M., in co-operation with DECLERCQ, K., "The constitutionalisation of children's rights in Belgium: a comparative perspective on section 28 of the South African Bill of Rights" in DE GROOF, J., MALHERBE, R. and SACHS, A. (eds.), *Constitutional Implementation in South Africa,* Ghent, Mys en Breesch, 2000, pp. 134-172;

VERHEYDE, M., in co-operation with VANDAELE, A., "Artikel 22bis van de Grondwet: een grondwettelijke bescherming in de kinderschoenen" (Article 22bis of the Belgian Constitution: a constitutional protection of children still in its infancy), *TJK* 2000/1 (Belgian Journal on juvenile law and children's rights); pp. 4-15, *CDPK.* 2000/4 (Belgian Journal of Public Law), pp. 543-557;

VERHEYDE, M., "Gender equality on the Belgian labour market" in SARKIN, J., VANDE LANOTTE, J. and HAECK, Y. (eds.), *The Principle of Equality, A South African and Belgian Perspective,* Antwerp, Maklu, 2000, pp. 197-219.

1997年

VERHEYDE, M., in co-operation with VAN RAEMDONCK, K., "The right to education in South Africa and Belgium: a comparative perspective" in *Human Rights in South African Education,* DE GROOF, J. and MALHERBE, E.F.J. (eds.), Leuven, Acco, 1997, pp. 247-293.

(戸塚悦朗)

●第3部⋯⋯⋯⋯

事例研究

第1章

事例研究の解説

1　「事例研究1：高等教育と学費問題」について

　「事例研究1：高等教育と学費問題」（戸塚悦朗）[1]は、日本の大学の学費の急進的高騰が国際人権法違反の重大な人権侵害を引き起こしていると指摘している。

　これまでは、政府による社会権規約13条の一部（高等教育等の漸進的無償化の義務）に関する留保の問題に大学人の関心が集中して、研究と運動の焦点も留保撤廃要求にのみ向けられてきた。そのため、人権条約違反問題が遠景に遠のき見えにくくなって、これに関する検討が充分なされてこなかった。この論文のような国際人権条約違反という視点の提起は、まだ新しい。今後研究者だけでなく、政府、国会議員など多くの関係者によるさらなる検討がなされることを期待しておきたい。

　この論文は、2006年発行の『国際人権法政策研究』（通巻3号）に掲載されたところから、大学評価学会意見書に引用され、最近政府に提出された[2]。注目に値しよう。この視点に関する論議が、今後いっそう発展することを期待する。なお、この論文では、教育基本法など日本の教育法制を引用しているが、2006年に執筆された論文である関係上、これらはすべて同年12月教育基本法「改正」以前の教育法制を指している点に留意されたい。ただし、2006年法「改正」は、この論文が提起した問題点を無視してなされたので、現在の教育法制の下でも、状況は従前とまったく同じであり、条約違反は解消していない。

　高等教育と学費問題に関しては、子どもの権利条約28条に高等教育への権利を保障する規定がある。社会権規約13条の場合とは違って、この条文については、日本政府は留保をしていない。したがって、高等教育の学費の急進的高

---

[1]　初出は、戸塚悦朗「高等教育と学費問題——日本による国際人権（社会権）規約13条違反について」国際人権法政策研究2巻2号（通巻3号）（2006年11月）23〜37頁。

騰を憂慮する大学関係者内には、子どもの権利条約28条を根拠に日本政府に高等教育の漸進的無償化を要求しようとする動きがある。

ところが、28条コンメンタールの解説で前述したとおり、この28条の規定が必ずしも充実しているとはいえないことが、28条コンメンタールで明らかにされているのである。著者ベルハイド氏の研究からは、他の国際人権法の法源、すなわち社会権規約13条の規定のほうが保障の程度が高いことが読み取れる。このように、高等教育の学費問題に関する子どもの権利条約の保障の程度を弱めたのは、日本を含むいくつかの政府が条約制定過程で、権利の引下げを強く主張したことによる。そのような条約制定経過をも、ベルハイド氏は明らかにしている[3]。

それゆえ、子どもの権利条約28条の規定にこだわることなく、同じ問題についてより充実した規定を持ち、相対的に活用しやすい他の国際人権条約を活用することも検討すべきである。この論文は、日本が批准済みの社会権規約13

2　大学評価学会・2006年問題特別委員会(重本直利委員長)が「経済的、社会的及び文化的権利に関する国際規約・政府報告に関する意見」(2007年7月24日)を外務省に対して提出した。この意見は、「日本政府による同規約第13条2項(c)(「漸進的無償化」の箇所)の1979年留保およびその継続と1980年以降の日本の大学の学費高騰化の関係性については」以下のとおり注目すべき見解を述べている。

「1)日本政府は1979年に同規約を批准した上で、同第13条2項(c)(漸進的無償化の箇所)については留保した。その後(1980年以降)、学費は高騰化した。この関係性をご説明願いたい。すなわち、この留保の意味は、「漸進的無償化」を留保したということだけであって、その後の学費の高騰化を容認するものではないと考える。この留保の趣旨からすれば、その後の学費は批准および留保した1979年当時の水準を少なくとも維持すべきであったのではないか。

2)同規約前文の「……経済的、社会的及び文化的権利を享有することの出来る条件が作り出される場合に初めて達成されることになる……」、同第2条[人権実現の義務]1項の「……権利の完全な実現を漸進的に達成するため、自国における利用可能な手段を最大限に用いること……」、同2項「……財産……によるいかなる差別もなしに行使されることを保障する……」、同第13条1項の「……教育が、すべての者に対し、自由な社会に効果的に参加すること、……」などの項について日本政府は批准している。1980年以降の学費の高騰化は、この批准した各項および同規約趣旨に反するのではないか。また、1980年以降の学費の高騰化に対し、日本政府が適切な対応を取らなかったこと、また自らが所管する国立大学の学費を高騰化させた日本の事態(現実)は、上記の批准した項および同規約趣旨に反し、明らかな規約違反(条約違反〈注〉)状態と考える。

3)この状態は日本の大学評価における根源的な問題である。同規約批准国(151ヵ国)中、同第13条2項(c)(「漸進的無償化」)の留保はルワンダとマダガスカルと日本の三ヵ国のみであり、日本の経済的、社会的状況からみれば、留保は国際的にも容認されるものではないと考える」。

3　ベルハイド本編(本書第1部註釈第3章16)高等教育に関する解説を参照。なお、最近2007年になってから、国連人権高等弁務官事務所が子どもの権利条約の制定過程に関する研究書を刊行した。この文献は、UNHCHRウェブサイトでも入手可能であり、CD化されている。ベルハイド氏が上記で指摘する審議経過と思われる部分が確認できる。オランダ政府の主張に同意する形で、日本政府等が原案のあった漸進的無償化条項を削除するよう主張し、結局、現行条約の28条のような形に修正されていった。その作業部会の審議経過は、CD版の以下部分で確認できる。Office of the United Nations High Commissioner for Human Rights, *Legislative History of the Convention on the rights of the child Volume I and II*, United Nations, New York and Geneva, 2007, Sec. 1, pp. 649-651. (Paras. 460-470).

条の規定のうち留保されていない文言および法の下の平等を保障する自由権規約26条を援用して条約違反を論証しようとしている。子どもの権利条約28条の限界を超えるにはどうすべきかについて考えようとする際に、参考になりうる事例であろう。問題解決のためには、1つの条約、1つの条文にこだわらず、総合的に国際人権法全体を俯瞰し、最適な条文の活用を検討する必要がある。実務上は、本編の研究から28条の効用のみならず、限界を読み取ることもきわめて重要であることに注目されたい。

2 「事例研究2：外国籍の子どもと教育を受ける権利」について

「事例研究2：外国籍の子どもと教育を受ける権利」（本岡昭次）[4]が取り上げたのは、日本に居住する外国籍の子どもには義務教育への権利が保障されていないという問題である。この問題は、子どもの権利条約28条の規定を援用することが、人権侵害の主張にとって有効な事例である。

この論文については、その内容のみならず、執筆者が本岡昭次所長であることに注目すべきであろう。本岡昭次元参議院議員は、2004年7月当時は参議院副議長の要職にあったが、前々回（2004年7月）参議院選挙に際して立候補せず、政界から引退後直ちに、国際人権法政策研究所を設立した。その後は、国際人権法政策の立案と普及に全力を上げ、この3年間国会内での定例研究会の開催をはじめ、『国際人権法政策研究』の出版など、かなりの研究業績を上げた。筆者は、同研究所事務局長として3年間にわたって所長を支えてきた。事務局長である筆者は、大学での教育・研究の本務があるため、十分な活動ができなかったが、本岡所長は、研究所の主要な行事の進行に常時気を配り、研究・啓発活動の推進に怠りなかった。そのため、研究所の3年間の活動は予定どおり進行してきた。研究所が発表する文書の詳細にも所長自らつねに目を通し、研究所が主張する提案等については、所長が納得できるまで議論を深めるという研究所の運営スタイルを維持してきた。

外国籍の子どもの義務教育への権利という論点については、2004年秋研究所設立直後から継続的に研究所内で議論してきた。議論の発端は、日本の教

4 　初出は、本岡昭次「外国人の子どもの『教育を受ける権利』」『国際人権法政策研究』2巻2号（通巻3号）（2006年11月）7〜22頁。

育法制の下では、日本籍の子どもは、インターナショナル・スクールに通学することが禁止されているという事態が日本には存在していることに気づいたことにあった。国際バカロレア協会に認可されたインターナショナル・スクールは、世界中どこでも、主要大学に進学する資格を認められている国際バカロレア（IB）の取得をめざす教育を授けていることで知られている。米国では、公立高校のトップスクールの多くがIBをめざす教育を授けている学校であることと比較すると、日本の教育制度は未だに江戸時代にとどまっているかのようにも見える。

これを知った筆者は、日本法の閉鎖性に驚き、「これでは日本人はいつまで経っても国際社会に生きる人類の一員にはなれないのではないか」と研究所役員会に問題提起したのである。

問題の概要は、こうである。

日本では、日本籍の子どもが通学を許されているのは、学校教育法上の正規の「学校」（1条項）に限られている。国際社会に基盤があり、国境を越えた国際バカロレアを授与するインターナショナル・スクールは、日本では「外国人学校」とされていて、「1条校」とは認められていない。日本人は、日本人の後継者として育成されなければならないと考える日本政府から見ると、国際人、つまり人類の後継者を育成するというのでは、教育思想が違っていて、適当ではないということらしい。

それぞれの外国籍の子どもが通学することを学校の設置目的としている朝鮮学校、中華学校、フランス学校、ドイツ学校、アメリカン・スクール、ブラジル学校等は、それぞれの国の国民を育成するための教育をしているのだから、「外国人学校」とされるのも不自然ではない。これら「外国人学校」は、日本の教育制度の下で日本人を育成する学校ではないとされているのは、理解ができないわけではないが、インターナショナル・スクールも同じなのだろうか。とにかく両者は、共によくても各種学校としての地位しか認められていない。

これらの外国人学校やインターナショナル・スクールに通学する生徒たちの保護者は、日本の居住者として納税の義務があり、現に納税の義務を果たしている。ところが、外国籍の保護者が納める税金は、日本籍の子どもの学校に使われるにもかかわらず、私学助成もないインターナショナル・スクールにも外国人学校にも一切支出されないのである。

本岡所長は、参議院議員在職中、朝鮮人学校など外国人学校に通学する子どもの定期券が、日本人学校に通学する日本籍の子どものそれよりも高額であ

ることを知って、この問題の解決のために10年もの長期間国会審議を通じて取り組んだ経験があった。しかし、子どもの国籍と学校の関係については、研究したことがなかったので、上記の問題については、十分な認識がなかった。筆者は、それまでは、外国人学校問題を含め、教育法分野には、強い関心を持っていなかったので、ゼロからの研究になった。

3 「高等教育と学費問題」と「外国籍の子どもと教育を受ける権利」

　上記の2つの問題は、実は密接にリンクしている。原因が共通していて、それは以下の思想にあるのである。
　日本は、つまり日本政府も、筆者や本岡所長を含む大部分の日本人も、次のような同じ思想を持っていたのである。「日本が教育に責任を持っているのは、日本籍の子どものみであり、外国籍の子どもについては、当該外国が責任を持っている」という頑強な固定観念が基盤にあったのである。そこにあるのは、「日本の教育は、日本人の育成をめざす」のであって、「人類の育成をめざす教育は、日本の教育の目的にはそぐわない」とする思想である。
　だから、教育を受ける子どもの国籍に応じて、日本籍の子どもを対象とするのか、その他の外国籍の子どもを対象とするのかの違いに応じて、学校を二分化することになる。その後に、日本政府は、「日本人学校」のみを支援し、「外国人学校」については、「われ関せず」の無関心の態度をとることになる。
　ところが、私たちは、このような日本の学校二分化の思想は、戦後国際社会で育ってきた人権を基盤とする思想にはそぐわないことに気がついたのである。人権思想は、人類がひとつであるという認識の上に築かれたからである。
　日本人だけを教育すれば日本の責務は足りるという思想は、1948年に制定された世界人権宣言が、教育への権利を外国人も含め「すべての人」に対して人権として認めていることを無視しているのである。世界人権宣言時代の教育は、「国民の後継者」を育成することをめざすのでは足りず、「人類の後継者」を教育することを目的にしなければならないことになっていたのである。ところが、これが日本の法制には反映することなく今日を迎え、日本の教育思想が持つ限界が、憲法にも教育基本法にも反映して、残存してきた。
　教育の根本思想の発展ができていなかったことに注目する必要があろう。そ

して、私たちは、このことが国際人権法と日本の教育法制の矛盾として立ち現れることに、気づいたのである。

　それでは、このような日本人だけにしか教育の責務を負わないとする教育思想と教育制度は、どのような弊害をもたらすのであろうか？　それは、まず外国籍の子どもの「不就学」問題に現れる。ところが、不就学問題については、一部で実態調査が始まったばかりで、実態把握さえできていない。

　世界人権宣言は、法的拘束力を持たないが、はたして、法的拘束力を持つ締結済みの人権条約は、どのような法的義務を日本に負わせているのであろうか？

　この問題については、日本では専門的な研究が見当たらなかった。

　私たちは、戦後の教育基本法には、欠陥がないと考えてきたが、この点だけは例外的に対応する必要があると考えるに至った。もし「改正」すべき問題点があるとすれば、この点であろう。どのような法改正をすれば、この問題を解消できるだろうか？　この問題にも処方箋は見当たらなかった。

　外国籍の子どもにも平等に公教育を保障するといっても、どのような施策があれば、教育現場の困難を打破できるのだろうか？　日本政府がこの問題に積極的に取り組んでいない現状では、教育現場にはしわ寄せが押し寄せ、学校も教職員も困惑するばかりである。

　新しい問題に遭遇した私たちは、この問題が国際化されない日本が持つ「アキレス腱」であると考えるようになり、この問題の国際人権法上の位置づけのための研究の必要性を痛感した。

　本岡所長は、この問題について納得できるまで疑問を提起し、研究を深めるのに貢献された。

　本岡所長があげたさまざまな論点は、単なる思いつきではなかった。自ら元小学校の教員を務めた長年の経験が基礎にあった。そのうえ、本岡所長は、兵庫県教職員組合執行委員長など教職員組合の重職を歴任した経歴もある。教職員組合の指導的立場にあったことから来る経験は、他の教職員の現場の実態をも知悉することを可能にした。参議院議員に就任してからも教育問題をライフワークとして国政に携わってきたことから、国政上の困難な問題点に目配りができる見識を備えるに至った。現場経験に基礎づけられた問題意識、教職員が持つ悩みや困難への十分な理解、そして国会議員と副議長という要職にあった大所高所からくる識見、そのいずれも、通常の研究者には得がたい資質である。

筆者にとって、そのような本岡所長との間で、学際的な議論ができたことは、まことに得がたい経験であった。私たちの連続した討論は、多数回の学際的セミナーにも相当するものだったと思う。

　本岡所長は、その議論の中で、外国籍の子どもの義務教育上の差別的取扱いが、国連、人権条約機関に提起するに値する重大な人権侵害問題を起こしていることを確信し、国際人権機関へ報告書提出をすべきだと判断するに至った。研究所の所長として、提出すべき報告書の原案を自ら起草することを決意し、調査・研究に打ち込んだ。それをまとめ、研究会での討議を経て、2006年に『国際人権法政策研究』（通巻3号）に公表した。それが、ここに掲載する本岡論文である。したがって、この論文中でいう教育基本法などの教育法制も、2006年12月の法「改正」前のものであることをお断りしておきたい。この法「改正」では、この論文が提起した問題点は解消していないので、未だにこの論文が指摘する子どもの権利条約28条違反などの人権侵害が継続している。

　誤解がないように特記しておきたいのだが、本岡論文はすべて所長自身が調査・研究し、その成果を自らの意見に基づいて執筆したものである。筆者（戸塚事務局長）との議論が背景にあったことは事実だが、筆者も他の役員もまったく加筆修正作業をしていない。上記のような稀有の経歴を持つ執筆者によるたいへん貴重なオリジナルな研究論文といえる。

　本岡論文は、上記した諸問題に答える努力をしているが、その主張を要約してみると、およそ以下のとおりである。

　前提として、日本の政府が義務教育課程で外国籍の子どもを日本籍の子どもとは違う取扱いをしている実態を明らかにし、それが外国籍の子どもの「不就学」の結果をもたらしていることを示している。そのうえで、それが、日本政府による外国人には就学義務がないとする違法な差別的取扱いの結果であるとしている。国際人権法上、社会権規約（13条）および子どもの権利条約（28条）により外国籍の子どもにも同じ義務教育を保障する義務を日本政府が負っているのにもかかわらず、日本政府がその義務の履行を怠っていることがその根本原因であると、日本政府を厳しく批判している。そのうえで、政府の教育基本法「改正」法案に対する対案として、民主党が2006年国会に立法の提案をした「日本教育基本法案」を挙げ、これが、国際人権法政策研究会の問題提起にも応えるべく、外国人の教育を受ける権利を保障しようとしていることに触れている。なお、進んで同法案の限界をも指摘している。

このような背景を持つ本論文は、元教育実務家で教組出身者であり、立法者でもあった本岡所長が、国際人権法研究者である筆者と論議を重ねた成果であり、この問題に関する学際的な先進的論文であることを理解できるであろう。

　義務教育に携わる多数の教員、これに責任を持つ地方自治体およびその議会議員、学校、教職員組合、PTA、子どもの保護者、教育学と法学の研究者、NGO、国会議員、政党および政府行政関係者がこの貴重な本岡論文に強い関心を寄せることを希望する。

　本岡論文が主張するような義務教育への権利を、日本籍の子どもに保障する義務があることについては、日本政府も争わないであろう。問題は、外国籍の子どもにまったく同じ権利が保障されていて、日本籍の子どもとの異なる取扱いが違法な差別として法的に禁止されているか否かである。本編のベルハイド氏の学説は、子どもの権利条約28条が保障する教育についての権利（義務教育）について、外国人への差別が許されないとして[5]、本岡所長の主張をしっかり支えていることに留意されたい。

　なお、筆者は、国際人権法の研究者の立場から、同じ問題点について、別途論文[6]を発表している。本書が公刊される頃には、入手可能になっているであろう。

（戸塚悦朗）

5　ベルハイド、本編第3章1. 2. (34)は、「28条1項で再確認されている2条の非差別原則は、一般的には、国の管轄内にある子ども一人一人に適用される。したがって国民ではない者に対しても、その法的地位に関わりなく適用されるものである」と明確に述べている。
6　戸塚悦朗「外国籍の子どもの教育への権利と教育法制——国際人権法の視点から教育基本法『改正』問題を振り返る（その1）」龍谷法学40巻1号（2007年）。

第2章
事例研究のテーマと子どもの教育を受ける権利

1 高等教育の無償化と子どもの権利条約

　日本政府は、社会権規約13条2項(b)(c)において、中等教育・高等教育の「無償教育の漸進的導入」に関して留保している。しかし、社会権規約と同様に高等教育についての権利を定めている子どもの権利条約では、同様の留保がない。
　国際人権法政策研究所では、この高等教育を受ける権利の侵害についての研究にも取り組んできた。子どもの権利条約では社会権規約の高等教育についてどのように規定されているだろうか。

　28条1項(c)
　　すべての適当な方法により、能力に応じ、すべての者に対して高等教育を利用する機会が与えられるものとする（Make higher education accessible to all on the basis of capacity by every appropriate means）。

　子どもの権利条約では、高等教育について無償教育の導入を義務づけるような社会権規約13条ほどの強い義務を課す条文にはなっていない。子どもの権利条約の準備段階においては、社会権規約13条2項(c)に掲げられた「特に、無償教育の漸進的な導入により」という表現が草案に含まれていた。しかし、最終的に、オランダ、英国、フィンランド、日本といったいくつかの富裕国の反対により、この表現は削除されたようだ（コンメンタール16項）。
　ただ、子どもの権利条約「定期報告書の形式および内容に関する一般指針」[1]

1　UN Doc. CRC/C/58, 1996。

の中で「高等教育は能力に応じてすべての者に対してアクセス可能（accessible）とする」としている。「能力に応じて」という制約はあるものの、すべての者に対して高等教育を利用する機会が平等に与えられることが強調されている。この「一般指針」では、政府報告書の作成にあたって、高等教育への進学率を年齢、ジェンダーならびに国民的・社会的・民族的出身別に示すことが締約国に対して求められている（コンメンタール13項）。

この「アクセス可能」は、前提として「利用可能（available）」であることが必要になる。いかなる差別もなく「利用可能」であり、さらに「利用する機会が与えられる」ことが、つまり「アクセス可能」を意味する（コメンタール11項）。この意味では、子どもの権利条約では、高等教育について「アクセス可能」には触れていても初等教育・中等教育にあるような「利用可能」には触れていない（コンメンタール11項）。

しかし、子どもの権利条約は高等教育における機会の平等の重要性を強調している。また報告上の要請は、貧しい子どもが高等教育課程への入学試験を受け、合格した場合には奨学金を得られるようにする財政援助など、支援のための措置を導入する最低限の義務が締約国にはあることを明らかにするものである（コンメンタール13項）。

2　外国籍の子どもの教育を受ける権利

(1)　国際人権法上の「義務教育」は「compulsory」な教育

「教育についての権利」を初等教育、中等教育、高等教育の3段階に分けて考えることができる。ここでは、同権利のなかでも最低限の中核的権利を優先的に取り上げることとして、「義務教育」としての「（初等）教育についての権利」について考察する。ここでは主に社会権規約および関係する国際人権文書と、条約の解釈に関わる「一般的意見（General Comment）」を主な参考資料にしている。

「社会権規約」では、13条と14条の2つの条文を教育についての権利に充てている。同規約の中で最も長い条文である13条は、あらゆる国際人権法のなか

2　社会権規約委員会「一般的意見13号：教育への権利（13条）」（E/C.12/1999/10）パラ2。日本語訳は、荒牧重人・平野裕二「ARC平野裕二の子どもの権利・国際情報サイト」（http://homepage2.nifty.com/childrights/）参照（2007年7月13日閲覧）。

でも教育への権利に関する最も広範かつ包括的な条文だと考えられている[2]。

　社会権規約13条2項(a)は、初等教育における2つの顕著な特徴として、「義務的」および「すべての者に対して無償」であることを挙げている。同13条に関する一般的意見11号において「義務的（Compulsory）」[3]とは「親、保護者および国のいずれも、その子どもが初等教育を受けるか否かについての決定を選択的に扱う資格はない（neither parents, nor guardians, nor the state are entitled to treat as optional the decision as to whether the child should have access to primary education）」と解釈される。「義務的(compulsory)」の対義語は「随意・選択の(optional)」もしくは「自発的な(voluntary)」に当たる。よって「Compulsory」とは、強制的で選択不能なものとして理解される必要があり、いわゆる「義務(obligation)」よりも強制力が強いと思われる。さらに、この「義務的（Compulsory）」は、親だけでなく国に対しても課された義務である。このことから、締約国はたとえそれが外国籍の人であっても、本人が希望するか否かにかかわらず「初等教育を受けるべきかどうかという選択」を行なう資格はないことになる。

　ただし、ここでいう「義務的」な教育の機関を公立学校に限定的理解をすべきではない。外国籍の人を強制的に公立学校に就学させるのではなく、その民族文化や母国語の使用を尊重するため、教育機関を選択する自由を認めたうえで、初等教育を受ける権利を保障する必要がある。

　社会権規約13条は「締約国は教育についてのすべての者の権利を認める（recognize the right of everyone to education）」と定めている。同2条2項（差別の禁止）の規定に基づいて、定められた項目に関していかなる差別も認めないことが原則であり、管轄内に居住する外国籍の人の権利も同様に考える必要がある[4]。要するに、義務を負っている親、保護者、国は、たとえその子が外国籍であっても、初等教育を受けるか否かについての決定を選択する資格はないことになる[5]。

3　「義務的。義務の要素は、子どもが初等教育にアクセスできるべきかという決定を選択の余地があるものとして扱う権利は親にも保護者にも国にもないことを浮き彫りにしている」。社会権規約委員会「一般的意見11号：初等教育に関する行動計画（14条）」（E/C.12/1999/4）パラ6。日本語訳は、同上ウェブサイト参照。
4　2条2項「この規約の締約国は、この規約に規定する権利が人種、皮膚の色、性、言語、宗教、政治的意見その他の意見、国民的若しくは社会的出身、財産、出生又は他の地位によるいかなる差別もなしに行使されることを保障することを約束する」。

(2) 外国籍の子どもの教育を受ける権利

ここでは、外国籍の人の教育を受ける権利についての国際人権法上の解釈を考察してみる[6]。まず社会権規約13条が教育についての権利を定めているが、外国籍の人の同権利についてどの程度保障すべきだと定めているか。

同13条に関する社会権規約委員会の「一般的意見13号」(1999年)は、34項において、社会権規約2条2項、子どもの権利条約2条および教育における差別の禁止に関するユネスコ条約3条(e)に留意して、無差別の原則は「国民でない者を含めて、その法的立場にかかわりなく(including non-nationals, and irrespective of their legal status)締約国の領域内に居住するすべての学齢期にある人に及ぶ」[7]としている。さらに51項では、教育の中でもとくに初等教育に優先順位が置かれていることに触れて「すべての者に初等教育を提供する義務は締約国の即時的な義務である(The obligation to provide primary education for all is an immediate duty of all States parties)」として、初等教育についてはとくに強い表現が用いられている。

上述の「教育における差別の禁止に関するユネスコ条約」[8]では、「外国人(foreign nationals)」の教育を受ける権利についてさらに具体的に定めてい

5　この点、国内法では義務を負っているのは「国民」のみであり、国内的な意味での「義務」とは国民である「保護者」がその子女を「学校に就学させる義務」(学校教育法22条1項)のことをいう。憲法26条は「すべて国民は、法律の定めるところにより、その能力に応じて、ひとしく教育を受ける権利を有する。2　すべて国民は、法律の定めるところにより、その保護する子女に普通教育を受けさせる義務を負う。義務教育はこれを無償とする」と定めている。また、教育基本法(2006年12月22日施行)5条1項(義務教育)では「国民はその保護する子女に、別に法律で定めるところにより、普通教育を受けさせる義務を負う」と定めている。いずれも、義務を負うのは「国民」である「保護者」に限られている。憲法に基づく「教育を受ける権利」も「国民」だけが享受できるものに限られている。学校教育法91条では、この就学義務を怠り督促に従わない場合には10万円以下の罰金に処すと定めている。

6　ここで述べた国際人権文章のほかに、外国籍の子どもの教育についての権利に触れた文書がいくつかある。「在住する国の国民でない個人の人権に関する宣言(外国人の権利宣言)」(1985年)8条(経済的、社会的及び文化的諸権利)。「すべての移住労働者およびその家族構成員の権利保護に関する国際条約」(1990年)30条(子どもの教育：移住労働者の子どもはすべて、関係締約国の国民と平等な取扱いに基づき教育を受ける権利を有する)。「欧州連合：庇護申請者の受入れに関する最低基準を定める、2003年1月27日の理事会指令2003/9/EC」(2003年)10条(未成年者の就学および教育)。前掲「ARC平野裕二の子どもの権利・国際情報サイト」(http://homepage2.nifty.com/childrights/international/edu_rights/foreigner.htm)参照(2007年7月17日閲覧)。

7　「the principle of non-discrimination extends to all persons of school age residing in the territory of a State party, including non-nationals, and irrespective of their legal status」社会権規約委員会「一般的意見13号」(E/C.12/1999/10)パラ34。

8　ユネスコ「教育における差別禁止条約」1962年施行。Convention against Discrimination in Education, Adopted by the General Conference of the United Nations Educational, Scientific and Cultural Organization.国連人権高等弁務官事務所ウェブサイト(http://193.194.138.190/html/menu3/b/d_c_educ.htm)参照(2007年7月16日閲覧)。

る。3条（締約国の義務）は「締約国は、この条約の意味における差別を撤廃し及び防止することを目的として、次のことを約束する」。(e)「自国領域内に居住する外国民に自国民に与えるのと同一の教育を享受する機会を与えること（To give foreign nationals resident within their territory the same access to education as that given to their own nationals）」と定めている。

「一般的意見13号」は上述の国際人権文書から導き出されたものである。よって、社会権規約2条2項に定める無差別の原則は、同13条の教育の権利を外国籍の人に対しても差別することなく保障するべき義務を締約国に課しているといえるだろう。

社会権規約第2条1項（締約国の義務の性格）についての「一般的意見3号」（1990年）[9]は、規約に定めた権利について「最低限の不可欠なレベルの充足を確保することは各締約国に課された最低限の中核的義務（a minimum core obligation）である」という見解を示している。この「最低限の中核的義務」には、不可欠な食料・健康の保護・住居および教育が列挙されており、最優先に、最低限の権利を保障すべき基準を示している。ここでは「相当数の個人が……最も基本的な形態の教育を剥奪されている締約国」[10]はこの「最低限の中核的義務」を怠っていると見なされる。よって、外国籍の人であれ相当数の個人が初等教育機関に就学できていない状況があるならば、社会権規約13条の違反は明白だろう。こうした状況に対しては締約国は同2条1項に基づく「措置を取る約束（undertake to take steps）」に従い、権利の完全な実現に向けて、合理的な短期間のうちに何らかの措置をとる義務がある。

（関本克良）

---

[9] The nature of States parties obligations (Art.2, par.1) : . 14/12/90. CESCR General comment 3. 国連人権高等弁務官事務所ウェブサイト（http://www.ohchr.org/english/bodies/cescr/comments.htm）参照（2007年7月17日閲覧）。

[10] 以下の新聞記事は、日本国内の少なからずの外国籍の子どもが基本的な教育を受ける権利を剥奪されている可能性を示しており、外国籍の子どもの教育を受ける権利は充分に保障できていない現状を浮き彫りにしている。「法務省の調べによると、外国人登録をしている5～14歳の子供は2005年末時点で約124,000人（在日韓国人・朝鮮人を含む）いるが、公立小中学校に通学中なのは『63,000人程度』（文部科学省）だ。アメリカンスクールなど出身国関係の教育施設にも通っていない子供が相当数いるとみられている。未就学の理由としては「日本語能力の欠如」が多いとされ、子供の保護の観点からも対策の必要性が指摘されていた」（「義務教育、外国人の子にも」2007年1月11日付日本経済新聞夕刊）。

．．． 第3章
事例研究1：高等教育と学費問題
戸塚悦朗

1　はじめに

　大学関係者[1]などが、「2006年問題」[2]として、2006年6月30日に注目したのは、経済的、社会的及び文化的権利に関する国際規約（社会権規約）[3]で提出を義務づけられている日本政府報告書の提出期限[4]がこの日だったからである。期限は守られず、日本政府報告書は、2006年10月16日現在、国連に提出されていない[5]。

　多くの大学関係者は、社会権規約13条2項(b)(c)[6]、中等教育・高等教育の「無償教育の漸進的導入」に関する留保[7]の撤回を求める運動に取り組んできた[8]。筆者もこの運動[9]に啓発されて、高等教育を受ける権利の侵害について研究するようになった。最近では、何度か講演も依頼されるようになった。

　この運動には、問題点[10]がないではない。しかし、政治的にはかなり成功しているのであって、すでに民主党のマニフェスト[11]にも載っている。また、民主党の日本教育基本法案（要綱[12]・法案[13]）にも上記運動の要求に沿う条文[14]が入っていることに注目すべきである。この運動目標は、政権交代が実現すれば、達

1　筆者が勤める龍谷大学の教職員の間でも関心がかなり強い。
2　「2006年問題資料コーナー」(http://www.jfpu.org/2006data.htm) 参照。
3　経済的、社会的及び文化的権利に関する国際規約（1966年12月16日採択、1976年1月3日発効）。日本による批准は1979年6月21日。
4　2001年社会権規約委員会最終見解 (E/C.12/1/Add.67) に、2006年6月30日とされている。
5　高井美穂衆議院議員提出「国際人権規約に対するわが国の取り組みに関する質問」に対する内閣総理大臣小泉純一郎の答弁書（内閣衆質164第373号、平成18年6月22日）では、「政府としては、一層の努力を傾注して、当該報告の早期提出に努めてまいりたい」としていた。
6　本書142頁［参考資料］参照。
7　本書143頁［参考資料］参照。
8　たとえば、全国大学高専教職員組合および日本私立大学教職員組合連合からの2005年5月17日付外務大臣宛て「国際人権規約のうち社会権規約第13条第2項(c)の留保撤回に関する要請書」。
9　龍谷大学教職員組合は、教職員、学生およびその保護者への多くの情報を提供しているので、高等教育の高学費問題は大学教職員の間ではかなり知られている。他の大学でも同様であろう。

成されることが予想できるのであり、そこまでは成功していると評価できる。

2　日本の高等教育（大学等）への国庫助成問題

(1)　研究・運動の焦点

　運動の支えとなる研究をした先人の一人に、故田中昌人教授（京都大学、教育学）がある。国際人権法実務を専門とする筆者[15]から見ると、この運動の鍵は、同教授が言う「有償教育の急進的高騰」[16]にある。これについては日本政府も事実としては争いようがないと思われるのであって、日本の教育法制・実務は、以下述べるとおり、国際人権法（社会権規約）違反として国際批判を免れない。

(2)　社会権規約違反の存否について

　これまで上記留保撤回要求が運動の主流であったため、日本では留保が撤回されないかぎり、同13条2項(b)(c)、とりわけ高等教育への権利の保障規定が日本政府を法的に拘束しないかのような印象が一般的に普及していた。それが、日本政府の暗黙の理解であって、政治的な主張でもある。また、それを多くの

10　第1に、留保撤回運動は条約批准運動に等しい。留保撤回に成功するまでは、留保部分については「条約違反」といえない。第2に、社会権規約の諸規定は、いわゆる「プログラム規定」であるという初期の「常識」が相当広くいきわたっており、その法的拘束力については、日本国内では相当議論がある。第3に、社会権規約13条は、より広い問題を含むが、他の問題には大学関係者の関心が広がっていないように見える。筆者著『国際人権法入門』（明石書店、2003年）第1章で述べているとおり、日本では憲法98条2項が無視されていて、政府、国会はもとより、最高裁判所も国際人権法の適用に消極的であるが、これら国際人権法の国内的実施については、大学関係者の間ではほとんど関心が持たれていない。

11　民主党マニフェストに載るところまで実現するには相当困難なロビイングが必要である。日弁連、部落解放同盟、国際人権法政策研究所などがあげて、自由権規約の選択議定書批准推進運動を続けてきていたが、長い間民主党のマニフェストに掲載されなかった。実現したのはごく最近のことである。また、国際人権法政策研究所の提言もいくつかあるが、民主党マニフェストに掲載されているものはほとんどない。

12　http://www.dpj.or.jp/news/files/20060516120838.pdf（2006年9月25日閲覧）。

13　http://www.dpj.or.jp/news/files/BOX_MKA0012.pdf（2006年9月25日閲覧）。

14　民主党提出「日本国教育基本法案」8条3項は、「高等教育については、無償教育の漸進的な導入及び奨学制度の充実等により、能力に応じ、すべての者に対してこれを利用する機会が与えられるものとする」としている。

15　国際人権法政策研究所事務局長。龍谷大学法科大学院教授。JFORジュネーブ国連首席代表。元弁護士。1984年国連人権小委員会に日本の精神障害者の人権問題を提起（1987年法改正）。1992年国連人権委員会に日本軍性奴隷問題を提起（国連・ILOなどの勧告・立法運動）。著書に『日本が知らない戦争責任』（現代人文社、1999年）、『国際人権法入門』（明石書店、2003年）、『ILOとジェンダー』（日本評論社、2006年）。龍谷大学では、国際人権法入門（教養講義）、国際人権法（法学研究科・法科大学院）、国連現地体験研修（実験授業）などを担当。

16　田中昌人『日本の高学費をどうするか』（新日本出版社、2005年）。

人々が無批判に「常識」として受け容れてしまっているかのように見える。留保撤回運動の成功とは裏腹に、かえって日本政府の政治的主張と論理にのみ込まれ、学問的・実務的な研究の視点が社会権規約「違反」の検討に向けて広がらなかったという限界ができたのではないだろうか。留保撤回をめぐる論争は注目されたが、それ以上に、高等教育を受ける権利の存否、国際人権法「違反」の有無の検討はほとんどなされていず[17]、いわば、判断停止状態にあったと思われる。

そこで、ここで社会権規約等国際人権規約の違反の有無を検討してみたい。

(i) 国際人権規約と「すべての者」の「高等教育」を受ける権利

ここでは、国際人権章典[18]のうち、社会権規約を中心に検討を進める。子どもの権利条約も合わせて検討すべきであるが、それは今後の課題とし、ここでは省略する。

第1に、社会権規約のうち教育に直接関係する規定には、「この規約の締約国は、教育についてのすべての者の権利を認める。……」として、教育への権利を保障している13条1項、教育の目的等を規定した13条2項がある。

ここでは、高等教育への権利を保障した、13条2項(c)が「高等教育は、すべての適当な方法により、[特に、無償教育の漸進的な導入により]能力に応じ、すべての者に対して均等に機会が与えられるものとすること」と定めていることに特に注目したい。なお、[　]内は日本政府が、社会権規約批准に際して、後述のとおりの表現で留保した部分である。

(ii) 日本政府の批准状況・留保についての検討

日本政府の社会権規約に関する留保中13条に関わる部分[19]は、日本語では以下のとおりである。

「3. 日本国は、経済的、社会的及び文化的権利に関する国際規約第13条2

---

[17] 講演のたびに留保撤回運動に取り組んできた大学関係者の意見を尋ねたが、筆者のような視点で後記する社会権規約13条2項(c)違反、同規約2条違反などを問題にした研究者は見当たらなかったということであった。

[18] 国際人権章典とは、世界人権宣言、社会権規約、自由権規約、自由権規約選択議定書のセット全体を指す。関係条文は、日弁連ウェブサイト (http://www.nichibenren.or.jp/jp/katsudo/jinkenlibraly/treaty/index.html) 2006年9月25日閲覧。

[19] "3. In applying the provisions of sub-paragraphs (b) and (c) of paragraph 2 of article 13 of the International Covenant on Economic, Social and Cultural Rights, Japan reserves the right not to be bound by 'in particular by the progressive introduction of free education' referred to in the said provisions." Website of UNHCHR, Hit on 22 September 2006. http://www.ohchr.org/english/countries/ratification/3.htm#ratifications

(b)及び(c)の規定の適用に当たり、これらの規定にいう『特に、無償教育の漸進的な導入により』に拘束されない権利を留保する」。

　この留保の内容については、正確に把握する必要がある。留保部分については「条約違反」といえないが、留保されていない部分が残っていることに注目すべきである。留保部分は、13条2項(c)全体に及んでいない。上記規定中の留保した部分である「特に、無償教育の漸進的な導入により」を除くと、13条(c)のうち法的拘束力がある部分が残る。つまり、正確に言うと、以下の部分については留保がなされていない。だから、日本は社会権規約の以下の文言により法的に拘束されているのである。この点はきわめて重要であるから、あらためて留保がない残余部分を文字にしてみたい。

　「高等教育は、すべての適当な方法により、……能力に応じ、すべての者に対して均等に機会が与えられるものとすること」。

　このように、定めている部分は、日本が留保抜きで批准した条文であるということになる。

　したがって、日本の管轄権の範囲内に入る「すべての者」は、「能力に応じ」、「高等教育」へ「均等に機会が与えられる」のであって、日本政府は、その実現のために「すべての適当な方法」をとる法的責務[20]がある。つまり、「すべての者」（「能力に応じて」という限定はあるが）の「高等教育への権利」は留保抜きで保障されているのである。

　つまり、日本政府は、留保によって、高等教育を「漸進的」に「無償化」することについてのみ法的義務を免れているだけなのである。

　その日本政府の法的義務の内容を詳細に見てみよう。

　第1に、「すべての者」に高等教育への権利があるから、財産がまったくない絶対的貧困者であっても、高等教育を受ける機会を与えなければならないことに注目すべきである。

　第2に、「能力に応じ」との限定条件があるから、この点での制約はあるのであって、反対解釈をすれば、高等教育を受けるにふさわしい「能力」がない場合には、機会が与えられなくても、条約違反はないことになる。

　第3に、「均等に機会が与えられる」のであるから、絶対的な貧困者と富裕者の間で高等教育を受ける「機会」[21]に差があってはならないのである。

20　この法的責任のとり方については、一般規定である同規約2条等が定めている。

これまで、留保にもかかわらず、社会権規約13条によって高等教育への権利が保障されている点が見過ごされてきたのであって、この点をしっかり確認しておくことが、きわめて重要である。

(iii) 留保の理由について

 これまで、日本政府が上げる留保理由の検討が十分であったとはいえないのではないか。そこで、日本政府が社会権規約委員会に提出した第2回政府報告書[22]中の「後期中等教育及び高等教育の無償化等」に関する留保理由[23]を確認してみよう。日本政府のこの部分に関する留保理由の説明の13条に関する部分を要約してみれば、以下のとおりである。

 第1に、負担衡平の観点から、公立学校進学者についても相当程度の負担を求めることとしていること。

 第2に、私学を含めた無償教育の導入は、私学制度の根本原則にも関わる問題であること。

 第3に、教育を受ける機会の確保を図るため、経済的な理由により修学困難の者に対しては、日本育英会および地方公共団体において奨学金の支給事業が行われるとともに、授業料減免措置が講じられていること。

 なお、上記の「負担衡平」の趣旨は、必ずしも明らかではない。社会権規約第2回政府報告書審議に際して、社会権規約委員会からの「第13条2(b)及び(c)への留保」に関する事前質問[24]を受けた際の政府回答[25]によると、この概念はおおよそ以下のとおり整理できる。

---

[21] 勉学条件を含むと解する。したがって、貧困者はアルバイトに明け暮れて学問の時間がないというのでは、機会は均等ではない。絶対的貧困者から学費を徴収することはできない。また、貧困者に対する奨学金は給付であることを原則とすべきであって、貸与奨学金制度をいくら拡大しても機会均等にはならない。貧困者は多額のローンを抱え込む結果になるのでは、進学を控える結果になるので機会は均等ではない。
[22] 日本の第2回政府報告 (E/1990/6/Add.21 and Corr.1)。
[23] 外務省ウェブサイト (http://www.mofa.go.jp/mofaj/gaiko/kiyaku/2b1_012.html#2-13-2) (2006年9月22日閲覧)によれば、日本政府は、
「2. 後期中等教育及び高等教育の無償化等
 後期中等教育及び高等教育について私立学校の占める割合の大きい我が国においては、負担衡平の観点から、公立学校進学者についても相当程度の負担を求めることとしている。私学を含めた無償教育の導入は、私学制度の根本原則にも関わる問題であり、我が国としては、第13条2(b)及び(c)にある「特に、無償教育の漸進的な導入により」との規定に拘束されない旨留保したところである。
 しかしながら、教育を受ける機会の確保を図るため、経済的な理由により修学困難の者に対しては、日本育英会及び地方公共団体において奨学金の支給事業が行われるとともに、授業料減免措置が講じられているところである。
 なお、1995年の我が国における国と地方の歳出合計のうちの16.55パーセントが教育に費やされている」とする。

日本政府は、「(1)我が国においては、義務教育終了後の後期中等教育及び高等教育に係る経費について、非進学者との負担の公平の見地から、当該教育を受ける学生等に対して適正な負担を求めるという方針をとっている」として、「非進学者」との「負担の公平の見地」を挙げている。

　それでは、次にこの「非進学者」とはどのようなものをいうのであろうか。また「負担の公平」とは、具体的にはどのようなことを意味するのであろうか。

　興味深い情報[26]があるが、2006年6月20日、日本私大教連関係者に対して文部科学省から、「非進学者とは、個人の選択によって進学しない人たちではなく、経済的理由によって大学に進学できず働いている人たちのことを指す。その人たちが、社会に出て収入を得て納税することになるが、その税金を『高等教育無償化』のために投入するわけにはいかないと考える。つまり、これが『負担の公平の見地』である」という説明がなされたという。

　これについて、国会審議では明らかにされているのであろうか。一見俗耳に入りやすい説明ではあるが、この文部科学省の見地には2点の大きな問題点があると思われる。

　第1は、「**非進学者**」、すなわち能力もありかつ大学進学の意志があるにもかかわらず、「**経済的理由によって大学に進学できず働いている人たち**」が存在することを認めており、それを前提として立論していることである。前記のとおり、留保部分抜きに検討しても、13条は絶対的貧困者にも能力に応じて高等教育への権利を保障しているのであるから、「**経済的理由で大学に進学できずに働いている人たち**」が存在するのであれば、それはとりもなおさず、13条違反の

24　外務省ウェブサイト（http://www.mofa.go.jp/mofaj/gaiko/kiyaku/kaito/index.html）参照（2006年9月22日閲覧）。
　「問2．社会権規約の第7条(d)、第13条2(b)及び第13条2(c)への留保を維持する必要性について説明して下さい。これらの留保を撤回するために日本が計画しているタイムスケジュールを提供して下さい。」

25　外務省ウェブサイト（http://www.mofa.go.jp/mofaj/gaiko/kiyaku/kaito/1_5.html#2）（2006年9月22日閲覧）。日本政府の留保理由は、
　「第13条2(b)及び(c)への留保
　(1)　我が国においては、義務教育終了後の後期中等教育及び高等教育に係る経費について、非進学者との負担の公平の見地から、当該教育を受ける学生等に対して適正な負担を求めるという方針をとっている。また、高等教育（大学）において私立学校の占める割合の大きいこともあり、高等教育の無償化の方針を採ることは、困難である。なお、後期中等教育及び高等教育に係る機会均等の実現については、経済的な理由により修学困難な者に対する奨学金制度、授業料減免措置等の充実を通じて推進していく。
　(2)　したがって、我が国は、社会権規約第13条2(b)及び(c)の規定の適用にあたり、これらの規定にいう「特に、無償教育の漸進的な導入により」に拘束されない権利を留保している」とする。

26　「文部科学省」『京滋私大教連』113号（2006年7月21日）5頁。

人権侵害なのであって、日本政府には条約違反の法的責任があることとなる。

第2は、日本政府は、このような人権侵害の被害者の存在を根拠に、「**負担の公平**」という論理を媒介に、国立大学、私立大学の学費の「**漸進的な無償化**」政策をとることを拒否するばかりか、かえって意図的に**年々学費の「急進的高騰」**を図り、この高学費政策の下にますます**多数の経済的理由で進学できない貧しい人々の高等教育への均等な機会を奪うという人権侵害の結果を招いて**いるのである。

これがいかに倒錯した論理であるかは、次のような思考実験をすれば明白となろう。

仮に、文部科学省の論理が正しいと仮定してみよう。

もし、一部に政府による拷問などの人権侵害被害者が存在する場合、他の人々も同じような人権侵害被害を受けなければ公平でないことになる。一部拷問被害者の存在を理由に、政府は「負担の公平」の見地から「すべての人」に拷問などの人権侵害を加える必要があるという結果になるのである。

日本政府の論理は誤りである。

人権侵害の被害者があるのであれば、まず人権侵害を廃絶しなくてはならないのである。したがって、日本政府・文部科学省の留保撤回拒絶の論理は、論理的に破綻している。

(iv) 日本政府の論理に対する国際批判について

この7月、教育を受ける権利について英国の実情を研究する機会を得た。その際、幸運にもきわめて貴重な情報[27]を入手することができた。本論である高等教育に関する13条2項(c)の留保理由に対する国際批判があることを発見したので、本論文で報告する。

入手できたのは、アン・ラフ著の英文原書[28]である。著者ラフは、教育法実務家の権威（バリスター）であるが、教育者（ミドレックス大学法科学群法学主席講師）でもあって、英国ではほとんど唯一とも思われるこの基本書（タイトルを直訳すれば『教育法教科書、判例および資料』）を執筆している。

同書は、差別問題に関連し、国連が起草した国際法について触れているが、

---

[27] そのほかに、同条2項(a)の初等教育の義務教育への権利、とりわけ外国人である子どもの差別的取扱いに関して、外務省の情報によれば、英国では、義務教育段階の子どもについては「就学義務はない」とのことであるが、英国現行教育法（1996年教育法）では、義務教育への権利に関しても、外国人の子どもの親にも英国籍の子どもの親同様就学義務があり、差別的取扱いがないことが確認できた。その詳細についての報告は次の機会に譲りたい。

そこで資料として原文のまま掲載しているのは、世界的に著名な国際法学者であるファン・ボーベン教授らが編集した英文書物（テオ・C・ファン・ボーベンほか編『経済的社会的文化的権利に関するマーストリヒトガイドライン』SIMスペシャル20号）[29]の一部である。SIMスペシャル20号は1998年に出版されたが、それに先立ち1997年1月に開催された国際会議[30]の成果を記録した会議録である。その該当部分は、同書に掲載されているオランダの国際法学者フォンス・クーマンス執筆の論文「教育への権利の違反を特定する」[31]の主要部分の抜粋である。この中にかなり詳細に日本政府の社会権規約13条の留保問題が取り上げられていることが見つかったのである。

同論文は、日本の高等教育について、13条の留保に言及し、国立大学の学費を有償とする日本政府の留保理由に正当な根拠がないことを述べている。これが世界の多くの国々のなかからとくに条約違反を特定するという視点からいくつかの重大な条約違反問題を持つ国の問題を指摘するなかでとくに日本について相当のスペースを割いて取り上げていること、日本が持つ経済力の点にも言及して批判していること、日本のNGOなどがこの問題について目立った国際的ロビーングを展開していないにもかかわらず、純粋な学問的研究対象の実例としてとくに日本が取り上げられていることに注目すべきであろう。もちろん高等教育の漸進的無償化そのものについては、留保があるので、条約違反は起きないという点に留意する必要がある。しかし、日本政府の留保理由に説得力がないことが国際会議でかなり詳細に論議されていたのである。

すでに2001年に社会権規約委員会は、最終所見の中で、日本政府に対して13条2項(b)(c)の留保撤回を求めている[32]。それ以前のことであるが、上記クーマンス論文がすでに1997年1月段階という早期に日本政府・文部科学省の留保理由に合理的な根拠がないという、きわめて厳しい国際的な批判を展開して

28　Anne Ruff, *Education Law text, cases & materials,* Butterworths Lexis Nexis TM, 2002 pp.1-622.
29　Van Boven, Theo C.; Flinterman, Cees; Westendorp, Ingrid (eds.), *The Maastricht guidelines on violations of economic, social and cultural rights,* Netherlands Institute of Human Rights, SIM special ; no. 20, Utrecht: SIM, 1998, pp. 1-228.
30　The Workshop of Experts organised by the International Commission of Jurists (Geneva, Switzerland), the Urban Morgan Institute on Human Rights (Cincinnati, USA) and the Maastricht Centre for Human Rights of Maastricht University, 22-26 January 1997.
31　Fons Coomans, "Identifying violations of the right to education". この論文は、ユトレヒト大学SIMのウェブサイトから入手可能である(http://www.uu.nl/content/20-06.pdf) (2006年10月12日閲覧)。
32　2001年8月30日同委員会総括所見パラ11、パラ34。

いたことは、今後の同委員会他の条約機関の審議の行方を占う意味でも、注目に値するといえる。しかも、この文書が日本法に関する文献にではなく、英国の教育法に関する基本書に掲載されていることは、諸外国で社会権規約の解釈を検討するに際して、日本政府の留保理由が反面教師の典型例として注目されていることになるのである。もし、日本政府関係者が留保理由を世界に恥じない正当なものであると考えるなら、これに反対する国際的な論陣を張る必要があろう。クーマンス論文の指摘も、これを転載するラフの著書も、これまで日本では広く知られることがなかっただけに、関係者の必読文献といえよう。

　クーマンス博士[33]は、新進気鋭の国際法学者であり、マーストリヒト大学で教育への権利を研究し博士号を取得したほか、社会権などの権利の国際的監視機構についての学識が深い。

　ラフの原書に掲載されたクーマンス博士執筆論文の該当部分[34]の翻訳（筆者訳）は、以下のとおりである。

　「日本の事例は特別である。なぜなら、この国の政府は、13条2項(b)および(c)につき、すなわち『特に漸進的な無償教育の導入により』によって拘束されない権利を留保しているからである。日本では、多くの学生が私立学校に通っている。一般的に、私立教育は、公立教育制度より費用が高い。日本政府によれば、政府は私立教育に完全な助成をすることはできない。それゆえ、同政府は、私立中等教育および高等教育ばかりか公立教育にも学費を導入した。この理由づけは批判されうる。なぜなら、日本政府は、公立学校に通う学生に私立学校の

---

[33]　http://www.rechten.unimaas.nl/mic/staff/coomans.html（2006年9月25日閲覧）。このサイトに、同氏に関する簡略な情報がある。
[34]　前掲Ruff, p. 57. "The case of Japan is special, because the government of this state has made a reservation on Article 13(2)(b) and (c), namely the right not to be bound 'in particular by the progressive introduction of free education'. In Japan, many students attend private educational institutions. In general, private education is more expensive than the public education system. According to the Japanese government, it is not able to pay fully for the system of private education. For this reason, the government introduced fees, no only for private secondary and higher education, but also for public education. This reasoning can be criticized, because the Japanese government is shifting the high costs of private education on to students who attend public educational institutions. These students are not able to enjoy private education for financial reasons, but they have to pay fees to maintain the system. In my view, this system of burden-sharing is not justified. States have a primary responsibility to maintain a system of public education which should be accessible to all. It may not put up financial obstacles which hinder the achievement of equal accessibility. In addition, it could be argued that the position of the Japanese economy is sufficiently strong to allow students attending public education to be exempted from paying fees."

大きな経費の負担を付け回しているからである。これらの学生は、経済的な理由から私立教育を享受することができないが、彼らはその（訳注：私立学校）制度を維持するために学費を払わなければならないのである。私見では、この負担の共同分担制度は正当化できない。国家には、すべてのものが享受することができる公立教育制度を維持する基本的責任がある。平等のアクセスを成就することを妨げるような経済的な障壁を設けてはならない。それに加えて、日本の経済的地位は、学生に学費を払わせなくても公立教育を受けることを許すために十分強いと反論できよう」。

3　国際人権規約の一般規定違反について

(1)　社会権規約と「漸進的な達成」義務
(i)　社会権規約の一般規定

社会権規約の性格を定めた一般的規定のうち、「立法措置その他のすべての適当な方法によりこの規約において認められる権利の完全な実現を漸進的に達成するため[35]、自国における利用可能な手段を最大限に用いることにより、個々に……、行動をとること」を約束した第2条1項の規定が極めて重要である。

(ii)　義務違反の事実——学費の急進的高騰の事実

前記田中昌人教授は、『日本の高学費をどうするか』[36]で、日本政府が、「有償教育の急進的高騰を続けてきた」と批判している。

同教授の主張は、事実なのだろうか。同教授は同書刊行（2005年9月11日）を確認してすぐに、亡くなった。その後である2006年4月付けで独立行政法人日本学生支援機構により公表された「学生生活調査結果」[37]は、2004年の「学生生活費の増減額及び伸び率の推移」実態について、「学費は大学学部（昼間部）、大学院修士課程、博士課程のいずれも前回調査時に比べ、上昇している」としている。この年の「設置者別の学生生活費」は、以下の表のとおりである。国立大学でさえも、年間学費は637,700円であり、生活費を加えると、年間合計学生生活費は1,540,600円になる。私立大学であれば、年間学費は

---

[35]　「権利の完全な実現を漸進的に達成するため、個々に……行動をとる」（社会権規約2条1項）する責務については、単に政治的目標を定めるだけのプログラム規定と誤解されがちである。法律家でも理解はなかなか困難であるが、筆者は、「実現を漸進的に達成」するための行動義務を法的責務として定めたものであって、この規定の趣旨に反する後退は、原則として違反を構成すると考える。
[36]　前掲・田中『日本の高学費をどうするか』81頁。

1,322,500円であり、生活費を加えると、年間合計学生生活費は2,062,100円という高額になる。これでは、いかに能力があろうとも、無収入あるいは低所得層の絶対的貧困層出身の子女が大学に進学することは不可能であることが、明白である。

　第1に、年収400万円の以下の収入の世帯の家計では到底このような多額の学費を賄えるはずがない。ところが、日本にはそのような階層の人々が（納税者を基準として）820万名もあるという。この階層の子女は、自力で高等教育を受けることはほぼ不可能であろう。この階層の子女は、能力に応じて、高等教育のための学費の全学免除およびその他の生活費を保障する給付奨学金が得られるだろうか。貸与「奨学金」は、多額の借金が残るのだから「ローン」と呼ぶべきものであって、諸外国がスカラシップと呼ぶ「奨学金」の名に値しない。その返済に不安がある貧困層の子女は、富裕層の子女と同等に安心して高等教育を受けることができないであろう。これでは、貧困層の子女にとっては到底均等な機会が与えられているといえないのである。

　第2に、この社会権規約13条違反は、今になって起きたことではない。社会権規約を日本が批准した1979年以降今日まで違反は毎年継続し、累積してきたことを忘れてはならない。

　その実態を統計で検討してみよう。

　2000年を100％とすれば、1979年の学費は、国立大学で24.2％、私立大学では33.8％であり、2003年の学費は、それぞれ106.5％、102.7％である[38]。この間ずっと学費は上がり続けて、一度も下がったことはなかった。上がり方が何倍になったかを計算してみると、筆者の計算では、国立大学の学費は24年間で4.4倍、私立大学の学費は3.0倍になったのである。

　これに対して、この間の食費を基準とした物価上昇率[39]は、1.36倍であった。一般物価と比較してみると、学費の「急進的高騰」ぶりが突出していることがわかる。

(iii)　社会権規約上の義務違反の法的評価

　これは、前述の「すべての者」の高等教育への権利を侵害していること、すなわち13条2項(c)そのものの違反があることを証明している[40]。

37　独立行政法人日本学生支援機構（JASSO）『平成16年度学生生活調査結果』平成18年4月。
38　前掲・田中『日本の高学費をどうするか』28頁。
39　前注によれば、食料費は、1979年33.8％、2000年100％、2003年98.4％。

ところで、この違反とは別に、もうひとつの違反問題が起きる。「この規約において認められる権利」、すなわち13条2項(c)が保障している高等教育を受ける権利の「完全な実現」を「漸進的に達成するため」に、「行動をとる」ことを約束(2条1項)した日本政府は、従前よりも「利用可能な手段を最大限に用いること」について法的責務がある。つまり、学費を「漸進的に」ではあっても、批准時である1979年の水準以下に下げ、以降漸進的に下げ続ける法的義務があるのである。ところが、この法的義務の方向とは逆に、上記のように年々学費を上げていることが証明されたのである。

　したがって、2条1項違反があると判断せざるをえない。少なくとも、2条1項違反の推定があると解する。日本政府が違反を解消する事実を立証しないかぎり、この違反の推定は破れない。さらに、この違反は、社会権規約を日本が批准した1979年以降ずっと継続的に累積してきたものと推定できるから、来年学費を下げたからといっても、この違反の推定は覆ることがない。まずは、1979年以前の状態にまで学費を戻さないかぎり、違法状態を解消することはできないのである。この義務違反は、留保を継続している現在でも存在することに注意すべきである。

(ⅳ)　国際的な国際人権法解釈の動向

　日本政府は、この規定を政治的な目標を示すプログラム規定性を規定しているものと考えてきたのではないか。これが誤りであることは、教育への権利に関する最新の研究者の学説[41]および社会権規約委員会が指摘するところ[42]から理解できよう。

40　ただし、日本は、漸進的な「無償化」については留保により法的義務を免れているので、有償であり続けても、それをもって違反とはいえない。
41　Klaus Dieter Beiter, *The Protection of the Right to Education by International Law*, Martinus Nijhoff Publishers, pp.386-387. General Comment of CESCR No. 13. 一般的見解13条は、13条のような中核的義務については、「実際上直接適用が可能」とする（http://daccessdds.un.org/doc/UNDOC/GEN/G99/462/16/PDF/G9946216.pdf?OpenElement）。
42　社会権委員会の2001年対日総括所見（http://www.mofa.go.jp/mofaj/gaiko/kiyaku/kenkai.html）中、パラ10＝「直接的効力」を有しないという「誤った根拠」；パラ12＝差別禁止原則は「漸進的な実現」ではない；パラ33＝法的義務に対する立場の再検討を求める。

設置者別の学生生活費

区分			学費			生活費			合計
			授業料、その他の学校納付金	修学費、課外活動費、通学費	小計	食費、住居・光熱費	保健衛生費、娯楽・し好費、その他の日常費	小計	
大学学部	昼間部	国立	494,900	142,800	637,700	595,200	307,700	902,900	1,540,600
		公立	513,800	145,600	659,400	505,300	297,200	802,500	1,461,900
		私立	1,143,100	179,400	1,322,500	411,200	328,400	739,600	2,062,100
		平均	997,300	171,200	1,168,500	449,000	323,300	772,300	1,940,800
	夜間部	国立	253,000	112,400	365,400	444,900	341,900	786,800	1,152,200
		公立	268,700	130,300	399,000	390,000	338,200	728,200	1,127,200
		私立	683,500	163,700	847,200	390,400	369,900	760,300	1,607,500
		平均	594,500	154,000	748,500	398,700	363,900	762,600	1,511,100
短期大学	昼間部	国立	376,500	138,000	514,500	334,400	254,800	589,200	1,103,700
		公立	399,200	124,600	523,800	327,700	266,100	593,800	1,117,600
		私立	987,100	162,700	1,149,800	255,300	307,900	563,200	1,713,000
		平均	939,500	159,700	1,099,200	261,200	304,300	565,500	1,664,700
	夜間部	国立	−	−	−	−	−	−	−
		公立	239,000	82,800	321,800	220,100	489,900	710,000	1,031,800
		私立	650,900	138,100	789,000	296,700	361,300	658,000	1,447,000
		平均	584,100	129,100	713,200	284,200	382,200	666,400	1,379,600
大学院	修士課程	国立	487,200	143,600	630,800	715,800	333,700	1,049,500	1,680,300
		公立	505,300	171,600	676,900	572,100	332,300	904,400	1,581,300
		私立	879,700	191,300	1,071,000	534,200	339,900	874,100	1,945,100
		平均	632,900	162,700	795,600	641,000	336,000	977,000	1,772,600
	博士課程	国立	466,300	230,300	696,600	874,400	444,200	1,318,600	2,015,200
		公立	487,100	308,000	795,100	892,100	512,600	1,404,700	2,199,800
		私立	712,300	309,500	1,021,800	834,600	493,100	1,327,700	2,349,500
		平均	527,000	253,400	780,400	865,600	459,400	1,325,000	2,105,400
	平均	国立	480,500	171,100	651,600	765,900	368,600	1,134,500	1,786,100
		公立	500,800	206,100	706,900	653,200	377,800	1,031,000	1,737,900
		私立	846,400	214,700	1,061,100	593,900	370,400	964,300	2,025,400
		平均	603,900	187,500	791,400	702,500	369,600	1,072,100	1,863,500

(2) 差別禁止と法の下の平等の見地について

(i) 国際人権規約の規定

　第1に、差別禁止に関する規定として、「……財産、出生又は他の地位によるいかなる差別もなしに行使されることを保障すること」を約束した社会権規約2

条2項が重要である。

　第2に、差別禁止に関連して、法の下の平等を保障する規定を持つ自由権規約もあわせて考察する必要がある。自由権規約が定める権利ばかりではなく、社会権規約が保障する権利、さらに国内法上の法的定めを含め、法の下の平等を保障する自由権規約26条にも注目しなくてはならない。同条は、「すべての者は、法律の前に平等であり、いかなる差別もなしに法律による平等の保護を受ける権利を有する。このため、法律は、あらゆる差別を禁止し……、財産、出生又は他の地位等のいかなる理由による差別に対しても平等のかつ効果的な保護をすべての者に保障する」と定めている。

　第3に、これらの差別禁止規定は、プログラム規定ではなく、即時実施義務があることには国際的にも理解が固まっており、日本政府にも異論がないであろう。

(ii)　義務違反の事実

　さて、高等教育への権利の実現について「財産」による差別があることは、前述の大学学費の高額さから明らかであるところ、これに上記の規定を適用すれば、以下のような評価を受けることも明らかである。

　社会権規約2条2項が、社会権規約が保障する権利について、「財産……によるいかなる差別もなしに行使されることを保障すること」を約束したのであるから、高額な学費を払うに足る豊かな「財産」を持たない貧困者の子女は「財産」を持つ富裕層の子女と同様に差別なく高等教育への権利を行使することができないのだから、この規定に違反があることとなる。

　また、日本の大学に関する諸法制度のもとで、高額な学費を払うに足る豊かな「財産」を持たない貧困者の子女は「財産」を持つ富裕層の子女と同様に高等教育への機会を平等に受けることができないのだから、「すべての者は、法律の前に平等であり、いかなる差別もなしに法律による平等の保護を受ける権利を有する。このため、法律は、あらゆる差別を禁止し……、財産……による差別に対しても平等のかつ効果的な保護をすべての者に保障する」との定めに違反があることになる。

4　条約違反についての考察を要する諸問題について

　以上を前提に、以下の諸問題を考えてみてはどうであろうか。読者が判断し

てみれば、自ずから回答が出てくるであろう。参考のために、問題の項目のみを箇条書きに整理して挙げておきたい。

(1) 国立大学にも入学できない人々への人権侵害
① 明白な条約違反。
② 経済的な事情で大学への進学ができない人がいることは、文部科学省が認めているところ、これらの人々との負担の公平を図るバランス論から、高等教育の学費の急進的高騰を正当化していることは前記のとおりである（高等教育を受ける権利侵害、財産による差別、明白な社会権規約違反が成立する）。
③ 経済的に豊かでなければ、受験競争に勝ち抜けない。国立大学の合格者は豊かな家庭の子女が多い（同上）。

(2) 国立大学の学生に対する人権侵害
① 国立大学の学生の学費問題＝「有償」であること、無償化に向かっていないことを理由に条約違反といえるか（留保条項のために条約違反を生じない）。
② 国立大学は有償であって、給付奨学金が不十分であり、能力があるすべての人（貧困者を含む）が、アルバイトなしで学べる富裕層と同じ条件で高等教育を受けることができない（高等教育を受ける権利侵害、財産による差別といえる、社会権規約違反が成立する）。
③ 学費の金額が貧困層出身者には支払うことがきわめて困難な程度に高額である（同上）。
④ 年々高騰している。「急進的高騰」（漸進的権利実現約束に違反していることは確実。明白な社会権違反）。

(3) 私立大学の学生に対する人権侵害問題
① 重要な事実。大学関係者が指摘するところによれば、私立大学と国立大学の間では著しい格差がある[43]。

---

43 「父母・学生の負担軽減と私立大学の充実を目指す国会請願」龍大職組および京都私大教組提供のビラによれば、私大＝学生数で75％、学校数で80％。対GDP比はOECD各国平均（1.2％）の半分以下。私大経常費への補助率は、80年度の29.5％がピーク。その後減少、03年度には12.1％まで低下。私大への補助は、国立大学への国費支出のおよそ5分の1。学生1人当たりわずか18分の1程度。経常費補助が長く低水準。私大は国立大の1.7倍もの高学費に依存。国立大の教育研究条件とは差別的格差。

② 貧困者の問題はあるので、上記国立大学学生の場合に準じ、高等教育を受ける権利の侵害になると考える。
③ 差別問題が生じるか？　私立大学の学生と国立大学の学生の間での差別は、現在の段階では、差別といえるのではないか。なぜなら、国立大学が法人化して、実質は私立大学となり、かつ貧困者のための大学とされていない。
④ 助成上の差別問題と監督に関する問題 (要検討)。
⑤ 私立大学の学生も高等教育への権利を持っているので、漸進的実現約束に違反して、年々学費が高騰していることから、条約違反があるといえるのではないか。

[参考資料]

社会権規約
2条1項
　この規約の各締約国は、立法措置その他のすべての適当な方法によりこの規約において認められる権利の完全な実現を漸進的に達成するため[44]、自国における利用可能な手段を最大限に用いることにより、個々に又は国際的な援助及び協力、特に、経済上及び技術上の援助及び協力を通じて、行動をとることを約束する。

2条2項
　この規約の締約国は、この規約に規定する権利が人種、皮膚の色、性、言語、宗教、政治的意見その他の意見、国民的若しくは社会的出身、財産、出生又は他の地位によるいかなる差別もなしに行使されることを保障することを約束する。

13条1項
　この規約の締約国は、教育についてのすべての者の権利を認める。締約国は、教育が人格の完成及び人格の尊厳についての意識の十分な発達を指向し並びに人権及び基本的自由の尊重を強化すべきことに同意する。更に、締約国は、教育が、すべての者に対し、自由な社会に効果的に参加すること、諸国民の間及び人種的、種族的又は宗教的集団の間の理解、寛容及び友好を促進すること並びに平和の維持のための国際連合の活動を助長することを可能にすべきことに同意する。

13条2項
　この規約の締約国は、1の権利の完全な実現を達成するため、次のことを認める。
(a) 初等教育は、義務的なものとし、すべての者に対して無償のものとすること。
(b) 種々の形態の中等教育 (技術的及び職業的中等教育を含む。) は、すべての適当な

---

[44]　「権利の完全な実現を漸進的に達成」(社会権規約2条1項) する義務の違反の立証はなかなか困難。

方法により、特に、無償教育の漸進的な導入により、一般的に利用可能であり、かつ、すべての者に対して機会が与えられるものとすること。
(c)　高等教育は、すべての適当な方法により、特に、無償教育の斬新的な導入により、能力に応じ、すべての者に対して均等に機会が与えられるものとすること。

日本政府の批准状況・留保
3．日本国は、経済的、社会的及び文化的権利に関する国際規約第13条2(b)及び(c)の規定の適用に当たり、これらの規定にいう「特に、無償教育の漸進的な導入により」に拘束されない権利を留保する。

自由権規約26条
　すべての者は、法律の前に平等であり、いかなる差別もなしに法律による平等の保護を受ける権利を有する。このため、法律は、あらゆる差別を禁止し及び人種、皮膚の色、性、言語、宗教、政治的意見その他の意見、国民的若しくは社会的出身、財産、出生又は他の地位等のいかなる理由による差別に対しても平等のかつ効果的な保護をすべての者に保障する。

第4章
事例研究2：外国人の子どもの「教育を受ける権利」

本岡昭次

1　はじめに

　国際人権法政策研究所（以下、研究所）は、研究課題のひとつに「子どもの人権」を掲げ、「教育基本法改正問題と子どもの権利条約」「国際人権法政策——教育と人権をめぐって」「外国人の就学義務と国際人権法」「教育基本法とグローバル化——国際人権法の視点から」など、国際人権法の視点から外国人の子どもの教育についての権利の研究活動を継続している。今日までの研究結果、わが国が1979年に批准し、9月21日に条約として発効している「経済的、社会的及び文化的権利に関する国際規約」（以下、社会権規約）および「子どもの権利条約」の示す外国人の子どもの「教育を受ける権利」が保障されていない現状とその要因が明らかになってきた。

　この社会権規約の締約国であるわが国は、教育についてすべての者の権利を認め、いかなる差別もなく、その権利を実現するために、規約の「尊重義務」「保護義務」「充足義務」「漸進的達成」という最低限の実施義務を負っているのである。

　そこで研究所としては、外国人の子どもの「教育を受ける権利」が侵害される要因と具体的な情報を、日本政府報告に対するカウンターレポートとして、国連規約人権委員会等に提出する準備を始めている。「社会権規約」ならびに「子どもの権利条約」についての日本政府報告は、2006年5月が期限とされているが、報告書は作成中で提出期日は不明という現状である。研究所は、カウンターレポート提出が国連の委員会審議に役立ち、日本政府による外国人の子どもの教育権保障の速やかな改善に役立つことを心より願って研究活動を展開している。

　この報告は、カウンターレポート作成の中間報告としてご覧いただきたい。

2 社会権規約上の「教育についての権利」

社会権規約13条は、国際人権法において、教育に対する権利に関する最も広範かつ包括的な条文である。

「経済的、社会的及び文化的権利に関する委員会」による「教育に対する権利」についての一般的意見13号で、「教育はそれ自体で人権であるとともに、他の人権を実現させる不可欠な手段でもある」（パラ1）と、教育を受ける権利がきわめて重要であることを指摘している。さらに、一般的意見11号では、「教育を受ける権利は、……経済的権利、社会的権利、また文化的権利……のすべてである。……市民的権利及び政治的権利の十分かつ効果的な実現にとっても中心的な重要性をもつことから、いろいろな意味で、市民的権利かつ政治的権利でもある」（パラ2）と述べ、この点で、教育を受ける権利は、「すべての人権の不可分性及び相互依存性の縮図である」（同）としている。

3 日本政府は「無償教育の漸進的な導入」を留保

日本政府は、この社会権規約の批准にあたり、「この第13条2(b)及び(c)の規定の適用にあたり、これらの規定にいう『特に、無償教育の漸進的〔順を追って徐々に目的を実現しようとするさま〕な導入により』について拘束されない権利を留保〔国際法上、多国間が結ぶ条約において、特定の当事国が条約中の一定の条項を自国には適用しないという意思表示をすること〕する」（〔 〕内は引用者）と通告したのである。

留保の理由については、日本政府報告書に次のように記述している。後期中等教育および高等教育の無償化等の項に、「後期中等教育及び高等教育について、私立学校の占める割合の大きい我が国においては、負担衡平の観点から、公立学校進学者についても相当程度の負担を求めることとしている。私学も含めた無償教育の導入は、私学制度の根本原則にもかかわる問題であり、我が国としては、第13条2(b)及び(c)のある『特に無償教育の漸進的な導入により』との規定に拘束されない旨留保したところである」とある。

社会権規約を批准し締約した1979年から、もう27年も経過している。「教育そのものが人権であるとともに、他の人権を実現させる不可決の手段である」と

人権のなかで最も重要な「教育に対する権利」の実現の手段である「無償教育への漸進的な導入」を、わが国の「負担衡平の原則」や「私学制度の根本原則」を理由に、いつまでも留保し続けることは許されない。私学助成の増額や奨学資金の給付等、教育の政策、制度の改革によって、「負担衡平の原則」「私学制度の根本原則」の維持と「無償教育の漸進的導入」の両立が漸進的に追求されていくべき課題である。

この条項に対して留保しているのは、締約国151カ国中（2005年1月25日現在）ルワンダ、マダガスタルおよび日本だけであり、恥ずかしいかぎりである。

4　社会権規約に違反する「日本政府第2回報告」

(1)　「日本政府第2回報告」の内容

外国人の子どもたちの「教育を受ける権利」について、日本政府は、社会権規約に基づく第2回報告において以下のように報告している。

> 第1部「一般的コメント」における第2項「外国人の地位、権利」
> 外国人についても、基本的人権尊重及び国際協調主義を基本理念とする憲法の精神に照らし、参政権等性質上日本国民のみを対象としている権利を除き、基本的人権の享有が保障されている。我が国は、本規約で認められた権利を外国人にも等しく保障するよう努めている。

> 第4項の「教育を受ける権利」
> 外国人の子女が我が国の公立学校において義務教育をうけることを希望する場合（就学義務はない）には、すべて受け入れることとしている。このため、学齢相当の外国人の保護者に対して就学案内を発給し、就学の機会を逸することのないようにしている。また、外国人児童・生徒が入学した場合には、授業料不徴収、教科書の無償給付、就学援助措置など、内外人平等の原則に立って、日本人と同様の取り扱いを行っている。

> 第13条1項　教育についての権利の(1)初等教育及び前期中等教育
> また、我が国に居住するすべての外国人の児童も、日本人と同様の初等教育及び前期中等教育を受ける機会を有し、国公立学校の場合には無償

である。1997年5月現在、全国の小・中学校に在籍する外国人児童・生徒の数は76,260人であり、このうち73,607人が公立の学校で教育を受けている。

　外国人の子女が我が国の学校教育を受ける場合には、日本語教育を充実させることが重要である。1997年9月の調査によると、全国の公立小・中・高等学校において日本語教育が必要な外国人児童・生徒の数は17,296人であるが、これらの者に対しては、特別な日本語指導などの強化を講じているところである。なお、外国人の母国語の学習等は、小・中学校における正規の授業として認められていないが、任意の課外活動として行われることは差し支えなく、実際に行われている例もある。

(2)　「日本政府第2回報告」の問題点

　「一般的コメント」の「外国人の地位、権利」において「我が国は、本規約で認められた権利を外国人にも等しく保障するよう努めている」としながら、「教育を受ける権利」については、「外国人児童・生徒の公立義務教育就学について、日本人児童生徒同様に義務とせず、希望する場合には、すべて受け入れる」としている点である。では、「希望しない」外国人児童・生徒の、「教育を受ける権利」はどのようにして保障しているのか明らかでない。しかも、多数の「教育を受ける権利」を剥奪された「不就学」の外国人児童・生徒が存在している実態が隠されている。

　また、公立義務諸学校就学を希望した者に、「権利としての教育」が保障されているのであろうか。国の教育諸条件整備の施策は、わずかに日本語指導の専門教員加配のみで、日本国民育成の教育を強制的に受けることになっている。13条1項には、「この規約の締約国は、教育についてすべての者の権利を認める。締約国は、教育が人格の完成及び人格の尊厳についての意識の十分な発達を指向し並びに人権及び基本的自由の尊重を強化すべきことに同意する」とあるが、わが国の公立義務教育諸学校では、外国人児童・生徒の人格の完成、人格の尊厳の十分な発達を促すことはできない。

　日本政府第2回報告では、外国人の児童・生徒の「教育を受ける権利」が問題なく享受されている記述となっている。しかし、実態は、日本国籍を有する者と日本国籍を有しない者（外国人）とが「教育についての権利」で差別され、明らかに社会権規約に違反している。

5　外国人児童・生徒の「不就学」推計約12,000人

　外国人児童・生徒の「教育を受ける権利」が奪われている最も端的な事例が、外国人の義務教育対象年齢者の「不就学」という実態である。社会権規約の締約国であるわが国にとって、義務教育年齢にあるにもかかわらず、教育を受けるいかなる機会も享受できない「不就学」という外国人児童・生徒の存在は深刻な問題である。「不就学」とは、社会権規約13条の「教育を受ける権利」を享受できない状態を意味しているからである。この「不就学」問題の放置は、わが国の社会権規約遵守義務の不履行といわざるをえない。

　外国人児童・生徒の「不就学」に関する実態は、政府による全国的な実態調査がなく明らかでないが、唯一、わが国の「不就学」実態を推論できる資料がある。それは、総務省行政評価局が、2003年8月に発表した「公立の義務教育諸学校への受け入れ推進を中心として」と題する「外国人児童生徒等の教育に関する行政評価・監視結果報告書」である。

　この報告書によると、義務教育対象年齢の外国人児童生徒は、2001年に106,000人となっている。この数字は年を追って増加傾向にあり2006年の今日ではさらに増加していると考えられている。

　一方、2001年5月1日現在、わが国の義務教育諸学校に在籍している外国人児童・生徒は約68,000人、また、各種学校として認可されている外国人学校（幼稚園、高等学校、大学相当課程も含む）に在籍している者は約26,000人となっている。

　この統計から推論できることは、義務教育対象年齢の外国人児童・生徒106,000人に対し、わが国の義務教育諸学校または外国人学校に在籍している者は計94,000人（68,000＋26,000）で、その差、約12,000人（106,000－94,000）の義務教育対象年齢者が「未就学」と考えられるということである。各種学校にも認可されていない教育施設に就学している者は、この統計からは「不就学」者となっている。

6　深刻な「不就学」——外国人集住都市会議の平均約26％

　2001年10月19日に、外国人が多く住む多住自治体都市首長によって設立さ

れた「外国人集住都市会議」が、「浜松宣言」に続き「外国人住民に関わる『教育』についての提言」を発表している。

その提言の前文で、「外国人住民が増加し、その滞在期間が長期化傾向にあるなかで、外国人児童生徒の教育の在り方が問われている。特に、公立小中学校に通う児童生徒の日本語指導をはじめ、その子ども達の適性に合ったきめ細かな教育の充実が必要である。また、一方、小中学校就学年齢にありながら、不就学の子ども達の存在は、将来の地域社会にとって大きな問題である。これら不就学の子ども達に対して、公立小中学校への就学促進や、外国人学校への就学支援、さらに生活サポートのための施策など、滞在形態の実情に対応した教育環境の整備も必要になってきている。……」と述べている。

「国・県・関係機関への提言事項」の2項「就学支援の充実について」では、

　不就学や不登校、または学校の授業についていけない子どもたちのための学校（教室）の設立運動の補助について検討すべきである。

　外国人学校との連携強化を図るとともに、公共的使命に鑑み学校法人化の特例について検討すべきである。

　不就学の子どもたちの日本語習得の支援や、生活をサポートし、生活習慣や社会ルールについての対応指導の充実について検討すべきである。
と具体的な提言を行なっている。

こうした提言にみられるように、外国人が増加する自治体においては、外国人児童・生徒の不就学問題をはじめ学校教育の悩みは深刻である。

外国人集住都市会議の調査による義務教育年齢に達した外国人児童の不就学率は14市町の平均で約26％となっている。

2002年11月18日の毎日新聞は、この外国人集住都市会議参加14市町の不就学率の状況を「自治体の外国人の登録者状況」として、一覧表で報道している。

自治体の外国人の登録者状況

市町名	外国人登録者数(人)	外国人割合(％)	登録者国籍順	不就学率(％)
静岡県浜松市	21,068	3.5	ブラジル　フィリピン　ペルー	20.9
磐田市	4,112	4.6	ブラジル　中国　フィリピン	22.6
湖西市	2,528	5.7	ブラジル　ペルー　インドネシア	34.3
富士市	4,511	1.9	ブラジル　フィリピン　韓国・朝鮮	30.3
愛知県豊橋市	14,908	4.0	ブラジル　韓国・朝鮮　フィリピン	18.7

豊田市	11,162	3.2	ブラジル　韓国・朝鮮　中国	9.1
岐阜県大垣市	5,441	3.5	ブラジル　中国　韓国・朝鮮	41.8
可児市	4,042	4.2	ブラジル　フィリピン　韓国	36.0
美濃加市	3,475	6.8	ブラジル　フィリピン　中国	22.7
四日市市	7,182	2.4	ブラジル　韓国・朝鮮　中国	16.9
鈴鹿市	6,969	3.6	ブラジル　ペルー　韓国・朝鮮	56.3
群馬県太田市	7,516	5.0	ブラジル　フィリピン　ペルー	35.5
大泉町	6,217	14.6	ブラジル　ペルー　フィリピン	34.7
長野県飯田市	2,902	2.7	ブラジル　中国　フィリピン	23.6

　この一覧表を見てみると、深刻な外国人児童・生徒の不就学の実態が浮き彫りにされている。30％以上の不就学率を示している自治体が7自治体と半数を占め、なかには不就学率50％を超える自治体もあり、14市町の不就学率は、最低9.1％から最高56.3％となっている。

　この不就学率も、外国人登録されている学齢期の児童・生徒数から、国公立小中学校、外国人学校への就学者数を差し引いた数を基数にしていることからあくまで推計にすぎないのである。この「不就学者数」をより正確に把握するには、自治体において対象となる家庭への訪問調査などの実態調査を実施する以外にないが、外国人には「就学義務なし」としている制度の下では困難である。

　さらに大きな問題は、「不就学」推計の基数となる「外国人登録者数」自体が、外国人の居住実態を必ずしも正確に反映していないことである。したがって、「不就学者数」の実数は、増大することはあっても減少することはない。

　外国人登録を行なっていない保護者の子どもは、就学を希望する機会も与えられず、教育を受ける権利を奪われ、不就学の状態となっているのである。しかし、保護者が正規の滞在資格を有しないと子どもは、日本の学校への就学を拒まれるという法的規定はない。

　保護者の行為である不正規滞在が、子どもの教育を受ける権利に影響を及ぼすべきでないというのが、「社会権規約」を締約したわが国の立場でなければならない。

7　群馬県大泉町の就学実態調査で4.2％、26人の不就学

　群馬県大泉町では、2003年1月に外国人登録者は6,200人を超え、そのうち90％は南米系の5,622人で、町総人口に対する外国人の比率は14.5％となっ

ている。この南米系の学齢相当児童・生徒3,734人を対象とする戸別訪問による就学状況に関する実態調査を行なっている。

　2002年7月の調査では、町内在住が確認された児童生徒の数は622人。その内訳は、47.8％の297人が町内の公立小・中学校に在籍、10.9％の68人がブラジル人学校に在籍、9.6％の60人がブラジル塾に在籍、1.8％の11人がブラジル人経営の保育施設に在籍、4.2％の26人が教育の機会がない子、25.7％の160人が転出や帰国であった。

　この結果、4.2％の26人は、いずれの学校・施設にも通っておらず、「不就学」の状態にあった。ただし、11.4％の71人が通っている塾や保育施設で体系的学習活動が行なわれていなければ、この71人も「不就学」に近い状態にあるものと判断しなければならない。

8　文部科学省の「不就学外国人児童生徒支援事業」

　最近になって文部科学省も、この「不就学」問題を放置することができなくなり、2005年度より「不就学外国人児童生徒支援事業」を打ち出し、2年計画で「不就学」の実態把握と学校への就学支援の実践研究を、群馬県の太田市、長野県の飯田市、岐阜県の美濃加茂市、静岡県の浜松市、愛知県の岡崎市、三重県の四日市市、大阪府の大阪市、兵庫県の神戸市・姫路市など14地域に委嘱している。

　しかし、2006年度の帰国・外国人児童・生徒等教育支援の予算額が、前年度より5,100万円減の8,100万円でしかない。これでは、とても不就学外国人児童・生徒支援事業が進展するとは思えないのである。

　しかも、外国人児童・生徒が日本の公立義務小中学校就学を希望し就学するケースは、今後ますます増えていくことが考えられる。文部科学省は、その外国人の子どもたちが多く通う学校に日本語指導教員を配置しているが、2005年度に派遣された小・中・高等学校は176校で、1校当たり1名ないし2名程度の派遣である。しかも、在留期間3年未満の外国人児童・生徒で、週1回～3回派遣が派遣条件とされている。また、外国人児童・生徒への教育相談についても、兵庫県を例にとると、3地区で年6回という予定のようである。これでは、必然的に、外国人児童・生徒の日常的な面倒は、各学校の担任教員が中心となって見ることになるが、各学校も日本人の子どもの学習指導をはじめ不登校やい

じめの対応、生活指導に手一杯で、日本語が通じない子どもまで十分に手が回らないのが実態である。

このように、外国人の児童生徒が希望して日本の公立学校に就学することが許可されたとしても、教育を受ける権利が保障されるとは、とてもいえない現状にある。

9　兵庫県では「不就学」推計397人

兵庫県では、県と神戸市、姫路市が文部科学省より外国人児童・生徒不就学の実態調査の委嘱を受けている。そこで研究所は、兵庫県、神戸市、姫路市の教育委員会を訪問し、不就学問題を中心に外国人児童・生徒の教育を受ける権利問題について調査した。

まず、兵庫県の不就学については、学齢期の外国人登録者数6,914人から義務教育諸学校に就学している外国人児童・生徒数6,517人を差し引くと397人という不就学児童・生徒数を推計することができる。しかし、これもあくまで推計であり実態は把握されていない。

兵庫県としては、2006年度に不就学の全県調査を行なう方針である。しかし研究所は、県下の各市町が外国人児童・生徒の不就学の正確な実態を把握することは不可能でないかと判断している。

文部科学省の不就学実態調査支援事業では、市町ごとに調査員を雇用して、就学希望の申請をしなかった外国人を戸別訪問して不就学の理由を聞くとともにアンケート調査も行なうというのである。「就学義務」が課せられていない親や保護者に対して、調査員がどのような権限でプライベートな公立諸学校不就学の理由等を問い質すという、就学・不就学調査ができるのか。あまりにも安易な机上の空論としかいいようがない。「就学義務」が課せられていて、はじめて可能となる実態調査である。

そして、仮に不就学の児童・生徒の実態が把握できたとして、その不就学の児童・生徒の教育を受ける権利をどのようにして保障しようというのであろうか。文部科学省には、「就学義務のない外国人児童・生徒」の教育を受ける権利を保障していく具体的な施策は、980人の日本語指導の教員枠確保以外、皆無に等しいのである。兵庫県には、わずか26名が配置されているにすぎない。

兵庫県などは、県独自の対応として、15カ国の母国語をもつ児童・生徒の教

育指導をサポートする「サポーター」制度を創設している。昨年度は、98人の「サポーター」が177校で担任教員をサポートしている。市町においては、さらに外国人児童・生徒の実態に応じて必要な「サポーター」を増員している。

しかし、「サポーター」の派遣は、週1回から3回で1日4時間でしかない。それ以外の教育指導は、担任教員と学校が責任を持って、「就学義務のない」が就学を希望する外国人児童・生徒の教育を受ける権利を保障しょうと懸命の努力をしているのが現実である。

10　権利でない就学の機会（文科省指導の「就学案内」）

第2回政府報告には「外国人の子女が我が国の公立学校において義務教育を受けることを希望する場合（就学義務はない）には、すべて受け入れることとしている。このため学齢相当の外国人子女の保護者に対して就学案内を発給し、就学の機会を逸することのないようにしている」とある。

確かに、政府報告のいうように、研究所が調査した兵庫県の神戸市と姫路市では、母国語の就学案内が保護者に発給されていた。神戸市では、「お子様のご入学についてご案内」の文書が区長名で保護者に出されている。案内文書には、「時下、ますますご清栄のこととお喜び申し上げます。さて、あなたのお子様は平成18年（2006年）4月1日から小学校入学の年齢になられます。つきましては、神戸市立小学校に入学を希望されます場合は、下記により同封の神戸市立学校就学申請書で申請してくださるようご案内いたします」とあり、11月頃に行われる健康診断を受けることや、申請の期間と場所（中央区役所市民課）が記載されている。

また、教育委員会は、別に「お子様の入学にあたって」の文章を保護者に送っている。

「時下ますますご清栄のこととお喜び申し上げます。さて、別紙案内にありますように、あなたのお子様は、来年4月より小学校に入学する年齢になっています。神戸市立小学校に入学を希望される場合は、所定の申請手続きをお願いいたします。外国人学校に入学を希望され場合は、入学手続きなどにつきまして、各学校に直接お問い合わせください。

現在、神戸市には世界119カ国44,000余人の外国人の方々がお住まいです。また、神戸市立の小・中学校には、約1,700人の外国人児童生徒が日本人児

童生徒と共に学んでいます。国際化が進展するなかで、多様な文化や生活習慣を理解し、共に生きていく態度や技能を身につけることが今後ますます求められています。

　神戸市教育委員会では、『共に生きる社会を目指す人権尊重の教育』を推進しています。日本人・外国人にかかわらず、すべての児童・生徒が自国の文化と自分に誇りを持って学校生活が送ることができるような教育を進めています。そのためには、児童生徒が自分の名前を大切にしながら、互いを認め合い尊重することが最も大事であると考え、その環境づくりに努めています。神戸市教育委員会では、お子様の入学にあたって本名で就学されることを願っています」。

　こうした案内により、入学を希望し就学申請を行なった児童生徒は、すべて神戸市立小学校に就学しているとのことであった。しかし、就学申請をしなかった者については、なぜ手続をしないのか事情を尋ね、家庭訪問などで就学を奨めるといった対応がされていないことも明らかになった。就学の機会を逸し、教育を受ける権利が奪われている学齢相当の子どもが「不就学」という状況に置かれていることを教育委員会は否定しない。

　なぜ「不就学」の児童生徒が存在するのか、その要因は、当然日本の学校教育に参加できない子どもたちの学習困難、学力の不適合もあるが、それ以前に制度上の問題にある。

　政府報告が述べている「外国人の子どもには（就学義務はない）」こそが「不就学」を生み出す根源であると考える。日本国籍を持つ子どもたちについては、その親あるいは保護者に就学義務が法的に課せられているから、「不就学」となることはほとんどない。親が就学義務を負うことによって、子どもたちは教育への権利が保障されているからである。

　一方、日本国籍を有しない子どもを持つ外国人の親や保護者には、法的な就学義務はないとされ、親や保護者に希望の意思がない場合、子どもは「不就学」の状態に置かれてしまうことになる。

11　外国人には就学義務なしと「就学事務ハンドブック」

　では、なぜ就学の義務は、日本人の親や保護者以外には適用されないのであろうか。当時の文部省の職員で構成された就学事務研究会によって執筆された「就学事務ハンドブック」（昭和62年2月20日初版発行、平成5年11月10日改

訂版発行)をみると、「外国人と就学義務」の項(64頁)で、その理由を次のように記述している。

「外国人の権利義務については、通常、国民と同様に扱われますが、身分上の義務については、国民と同様の義務を負わず、また、権利についても公法上の権利は外国人に認めない場合が多くなっています。したがって、一般に外国人は教育の義務は課せられていません。このことは、我が国でも、憲法26条の規定から明らかであり、就学義務を負うのは日本国民であって、日本国内に住所を有する外国人はこの義務を負うものではありません。

このことから、学齢簿については、市町村教育委員会が就学義務の履行を確保するために作成する帳簿ですから、就学義務のない外国人の子どもについて編製する必要はなく、また、事前の就学通知についても、就学義務を有するものに対する通知ですから、外国人の子どもの保護者に対して行う必要もありません」。

続く「就学の許可」の項では、以下のように記述している。

「しかしながら、このことは義務として教育を受けることはないということであり、子どもの教育を受ける機会を得るために、外国人が我が国の公立小・中学校へ子どもの就学を願い出た場合には、市町村教育委員会は、その就学を許可すべきです。

このことは、日本での永住を許可された大韓民国国民の日本における教育に関して、いわゆる日韓協定を受けた形で文部省が行ってきた指導内容です。これが、昭和54年に我が国も締結国となった国際人権規約の規定により、外国人一般についての扱いに拡大されました。

なお、市町村教育委員会においては、我が国の公立義務諸学校への入学を希望する在日外国人がその機会を逸することのないよう、就学予定者に相当する年齢の在日外国人の保護者に対し、入学に関する事項を記載した就学案内を発給することになっています」(「日本国に居住する大韓民国国民の法的地位及び待遇に関する協議における教育関係事項の実施について」平成3年1月30日)。

社会権規約、子どもの権利条約を批准し締結国となったわが国が、「就学事務ハンドブック」で行政指導した外国人の就学義務についての理解をそのまま踏襲していることは、条約への義務違反である。

12 「学校教育法の就学義務、外国人にはない」と文科大臣

　また、2006年3月22日、参議院文教科学委員会において水岡俊一議員の質問に対し、小坂憲次文部科学大臣は「外国人の子弟でありましても、国際人権規約、また児童の権利に関する条約等をふまえまして、日本人と同一の教育を受ける機会を保障すべきだと考えております」としながら「一方、憲法及び教育基本法は、『国民はその保護する子女に普通教育を受けさせる義務を負う』というふうに規定されていることから、義務教育を受けさせる義務は我が国の国籍を有する者に課せられていると考えるべきである。したがって、学校教育法に基づく保護者の就学義務は外国人には基本的には及ばないと解されております」とし、その理由として「これは、我が国における義務教育が一人一人の人格形成とともに国家社会の形成者の育成という役割を担うものであるために、外国人に対して日本人と同様の就学を義務付けることは適当ではないと考えられるからである。日本に在籍する外国人児童生徒には、我が国への義務教育の就学義務はないが、公立の義務教育学校への就学を希望する場合には、国際人権社会権規約を踏まえて、日本人児童生徒と同様に無償で受け入れ、教育を受ける機会を保障する必要があると考えるとしている」と答弁をしている。

　日本政府の公立義務教育諸学校への外国人児童・生徒の就学に関する原則は、「就学の機会は権利としてではなく、希望する者に『許可』として提供され、就学後は日本人と同様に扱われる」ということである。したがって、わが国の公教育は日本人（日本国籍を有する者）のみに限定し、教育内容も日本人教育と規定して、外国人の子どもを積極的に排除しないものの、教育上の正当な権利享受者とは想定されず、外国人を義務教育の主体から排除することを言明しているに等しいと考える。

　日本政府のこのような考え方や対応は、すべての者の教育を受ける権利を保障した社会権規約や子どもの権利条約の締約国が負うべき条約の尊重・充足・漸進的達成への義務を果たしているとは到底思えない。

13 外国人児童・生徒にも就学義務を課している国々

　この根拠が「就学事務ハンドブック」にあるのであれば、その内容を社会権規約締結国にふさわしく改定すべきである。また、就学事務ハンドブックには「一

般に外国人には教育の義務は課せられていません」と書かれているが、外国人には教育の義務は課されないというのが一般的傾向というのであれば事実に反することになる。

「諸外国の主要学校情報」(2005年3月)によると、アメリカ、カナダ、フランス、ドイツ、オランダ、イタリア、スペイン、デンマーク、フインランド、ベルギー、ポーランド、ポルトガル、アイスランド、リトアニアをはじめインド、メキシコ、パラオ、パナマ、イスラエル、アルジェリア、ギニアなど多くの国々において事実上、外国人の子どもについて教育の義務化を行なっていると報じられている。

移民を多く受け入れている欧米諸国では、在留許可の条件として子どもの就学を義務づけているところが多いと聞いている。

14 義務教育の主体から外国人児童・生徒を排除することの誤り

小坂文部科学大臣発言で明らかなように、わが国における外国人児童・生徒の就学の機会は、子どもの権利でなく希望する者に「許可」して提供され、就学後は日本人と同様に扱われることを原則としている。したがって、外国人の子どもは積極的に排除されないものの、日本人と同等の就学上および教育上の正当な権利享受者とは規定されておらず、いわば例外的な存在として位置づけられているのである。

文部科学省の説明のように「外国人に対して、日本国民を育成するための基礎教育である我が国の初等教育を強制的に受けさせることは実際的でないため」であるならば、強制的に外国人の子どもに日本の教育を義務として受けさせることは、憲法や国際人権諸規約に違反するであろう。しかし、それでは、どのようにして外国人の子どもの教育を受ける権利を保障していこうとしているのか、何ら積極的な対応や施策は打ち出せていないのが現状である。

このように、外国人の子どもに対する権利としての教育を保障して行く施策がないなかで、2005年には200万人を超える多くの外国人が生活し、その子どもたちが公立学校に就学する実態に多くの地方自治体が直面している。自治体は、こうした学校現場の実態から逃げることなく、創造的な教育実践を展開しているのが現実である。

兵庫県においても、さまざまな異なる文化を学び、異なる文化を持つ人たちとの違いを認め合い、共に生きることを進める教育として、「多文化教育の創造」

を掲げて、普遍的な新しい学校教育を創造しようとしている。

　1994年に日本政府が批准した「子どもの権利条約」を見ても、2条1項に「締結国は、その管轄内にある子ども一人一人に対して、……国民的、民族的もしくは社会的出身……にかかわらず、いかなる種類の差別もなしに、この条約に掲げる権利を尊重しかつ確保する」と明示している。これは、義務教育という基礎的教育の享受は、国籍という人間の一属性に左右される限定的な概念ではなく、より普遍的な人間の基本的権利として捉える見方が国際社会では有力になってきているということである。

　したがって、国際人権社会権規約を締結した日本政府ならびに地方自治体には、日本国籍の有無にかかわらず、すべての子どもの「教育への権利」を法制度的にいかに保障するかを、具体的に検討し改善していくことが求められている。学校教育においても、教育の「権利主体」として、日本人と同等の存在として外国人の子どもに向き合っていかねばならないのである。

15　「教育を受ける権利」を明記した民主党の教育基本法対案

　本年の通常国会に政府が提出した教育基本法改正法案ならびに民主党の対案は、衆議院で継続審議となったが、両案とも審議未了廃案とすべきである。

　現行教育基本法を廃止して、政府案のように新しい教育基本法を制定しなければならない理由はない。憲法と同じく教育基本法も敗戦後の米軍占領下に制定され、日本人が自主的に制定したものではないからなどは、まったく理由にもならない。また、さまざまな教育問題の発生の原因を教育基本法に押しつける論議があるが、私に言わしめれば、現行教育基本法の理念を誠実に実現してこなかった政治、文教政策の怠慢に責任があるのである。

　今、改正の議論を必要とするのは、民主党が対案として提示した、世界人権宣言をはじめわが国が締結した国際人権規約や子どもの権利条約などが求めている「子ども（国籍を問わず）の教育への権利」を実現する条項の追加改正である。在日外国人の子どもたちの教育を受ける権利を保障する改正である。

(1)　「子どもの教育への権利」を明示する画期的な民主党の対案

　　第2条（学ぶ権利の保障）

　　　何人も、生涯にわたって、学問の自由と教育の目的の尊重のもとに、健

康で文化的な生活を営むための学びを十分奨励・支援・保障され、その内容を選択・決定する権利を有する。

第4条（学校教育）
　「国及び地方公共団体は、すべての国民及び日本に居住する外国人に対し、意欲をもって学校教育を受けられるよう、適切かつ最善な学校教育機会・環境の創出と確保・整備に努めなければならない。

第7条（義務教育）
　何人も、義務教育を受ける権利を有する。国民はその保護する子どもに、別に法律で定める期間、普通教育を受けさせる義務を有する。

第8条（高等教育）
　高等教育は、無償教育の漸進的な導入及び奨学制度の充実などにより、能力に応じ、すべての者に対して高等教育を利用する機会が与えられる者とする。

　2条、7条において現行教育基本法の「国民」を「何人」とし、4条で「日本に居住する外国人に対し」を明記し、外国人の子どもについても普通教育を受けさせる義務を課することに大きく踏み込むとともに、8条では、政府が社会権規約批准に際して留保した「無償教育の漸進的な導入」を明記するなど画期的なことである。

(2)　「子どもの権利条約」の「無償教育の漸進的な導入」

　子どもの権利条約28条1項は、「締約国は、教育についての子どもの権利を認めるものとし、この権利を漸進的にかつ機会の平等を基礎として達成するため、特に、
　(a)　初等教育を義務的なものとし、すべての者に対して無償のものとする。
　(b)　種々の形態の中等教育（一般教育及び職業教育を含む）の発展を奨励し、すべての子どもに対し、これらの中等教育が利用可能であり、かつ、これらを利用する機会が与えられるものとし、例えば、無償教育の導入、必要な場合における財政的援助の提供のような措置をとる。

(c) すべての適当な方法により、能力に応じ、すべての者に対して高等教育を利用する機会が与えられるものとする」としている。

準備作業文書によると、社会権規約13条2項(c)に掲げられた「特に無償教育の漸進的な導入により」という表現が、草案の段階で子どもの権利条約28条1項(c)に含まれていた。最終的に、オランダ、英国、フィンランド、日本などの富裕国の反対により高等教育における「特に無償教育の漸進的な導入」の表現は削除されたとのことである。社会権規約13条1項(b)にある中等教育の無償教育について「特に」「漸進的」が削除されている。

(3) 7条の「保護者」が「国民」に修正

しかし、残念であったのは、民主党が要綱を法律案にする段階で、7条に衆議院法制局がクレームをつけ、1項後段の主語を「保護者」から「国民」とすることが求められ、民主党は下記の事情からやむなく了解したことである。

このことについて民主党は、その経緯を「メモ」として次のように説明している。

① 現在、憲法26条2項前段は「すべて国民は、法律の定めるところにより、その保護する子女に普通教育を受けさせる義務を負う」と規定し、教育基本法4条1項は「国民は、その保護する子女に九年の普通教育を受けさせる義務を負う」と規定しており、外国人（日本国籍を有しない者）に対する義務教育の実施については、憲法上も教育基本法上も要請されていない。

② 今回「保護者」とすると、日本国内に居住する外国人についても、日本の普通教育を受けさせる義務を課することになる。

③ これについて、日本国内に居住する外国人が、自らの選択で、特定の国籍や民族のための教育施設であるナショナル・スクール（外国人学校、民族学校）に通学する場合もあることから、外国人について日本の普通教育を受けさせる義務を課することは適当でない。したがって、7条1項後段の「保護者」は「国民」とすべきとの議論がなされた。

④ なお、このこととは別に、日本国内に居住する外国人に日本の普通教育を受ける権利を認めることは政策的な判断であって、1項前段については、「何人も、別に法律で定める期間の普通教育を受ける権利を有する」としたところである。

この民主党要綱の7条が修正されず「保護者」であれば、「外国人の保護者には児童生徒への就学義務はないので、希望する者のみ就学を許可する」、「日

本国民を育成する義務教育に外国人を強制することはできない」とした外国人を差別する文部科学省の行政指導も文部科学大臣の主張も、その根拠を失ってしまうのである。そして、国際人権法に準拠した何人にも権利として保障された教育の法整備と条件整備が進展し、地域社会や学校教育現場においては、困難ではあるが多文化共生教育創造の本格的な歩みが始まると考える。

民主党が、7条において要綱の「保護者」から「国民」へと後退したことはまことに残念であるが、「外国人の子どもの教育を受ける権利」の具現化に迫ったことを高く評価したい。今後、「メモ」の記述を検証し、法制局の主張を論破して、民主党案7条の「国民」を要綱の「保護者」に修正することを可能にしたい。

16 保障されていない外国人の子どもの「教育を受ける権利」

社会権規約委員会は、子どもの権利条約2条および、教育における差別の禁止に関するユネスコ条約3条(e)に留意し、無差別の原則は、国民でない者を含めて、締約国の領域内に居住する学齢期のすべての者に、その法的地位にかかわりなく及ぶことを確認している。

外国人の子どもには「就学の義務はない」が「希望する者には就学の機会を与える」というわが国の制度は、日本国憲法やわが国が締約国となっている国際人権諸規約が定める「教育を受ける権利」が保障されていないという強い疑義がある。この「教育を受ける権利」は、日本国に居住する外国人に対しても無差別に保障されていることから、「希望しない者」の「教育を受ける権利」を制度的に保障していかねばならない。「希望しない」のだから「教育を受ける権利」を保障する義務はないということであるなら、すべての者の「教育を受ける権利」を保障する国際人権諸規約への義務違反である。

また、外国人学校を希望した者には、わが国の公立義務教育諸学校と同様の「権利としての教育」が保障されているのか。「義務教育は無償とする」とした「教育の権利」が外国人学校等で保障されているのか。わが国の公立義務教育諸学校への「就学を希望する」「就学を希望しない」に関係なく、わが国に在住する外国人の子どもの「義務教育無償」の大原則が保障される制度を構築しなくてはならないのではないか。それは、外国人学校への助成の制度化である。原則として、日本国民と同等の経費を日本国として国庫および地方財政から支出すべきである。日本国に在住する外国人に国民と同じく納税の義務を課してい

ることを考えてみても、最低私立学校に行っている助成を外国人学校に行なわないことは差別であり、平等原則に反している。

では、「就学を希望した者」には「権利としての教育」が保障されるのか。教育においてそれぞれの民族としての文化を維持継承することは、個人の尊厳と幸福追求の権利として保障されなければならない。日本に在住するすべての外国人は、自己の民族や自国の文化を維持継承し発展させる権利として、自己の文化による教育を行ない、この教育を受ける権利を持っている。日本の公立義務教育諸学校に就学を希望した外国人の子どもの教育の権利を保障していく制度や体制が学校教育に整備されているであろうか。日本の義務教育は、小坂文部科学大臣発言のように、一人一人の人格の形成とともに日本国民を育成することにあるとすれば、外国人の子どもの人格の形成や尊厳の樹立を保障していく「権利としての教育」をどのようにして実現していくのか。今、外国人が多く居住している地方自治体レベルでは、教育現場の厳しい条件下で多文化共生教育実現への模索が続いている。国の重要な施策として、多文化共生教育を可能にする教育諸条件整備に早急に取り組むべきである。

17　国民の権利としての教育から
　　社会構成員の権利としての教育へ

最後に、太田晴雄さんの『ニューカマーの子どもと日本の学校』（国際書院、2000年）という著書にある、「脱国民教育」としての多文化教育について書かれている一節を紹介しておきたい。

「『国民』の権利としての教育から『社会構成員』の権利としての教育へ」と題して、次のように述べられている。

> 「国民」とは、「日本国籍を有する者」であり、国籍の有無が教育を受ける権利を大きく規定している。「国民教育」が依って立つ国民国家は、今日、その存在基盤が問われている
>
> つい最近までわれわれの前に高く堅固にそびえ立っていた国境の壁は、近年ますます低くなりその存在感も希薄になりつつあり、従来の国家概念の再検討の必要性が高まりつつある。なかんずく、ヒトの国際的な移動は、外国人居住者の存在を改めてクローズアップすることにより、「国民によっ

て構成される国家」という従来の枠組みの妥当性を問う契機を与えている。

　国家を、国籍を有する個人（国民）によってのみ構成される国民共同体と規定するのではなく、外国人を含むすべての個人を社会の構成員と認める住民共同体として再定義するのは、そのひとつの試みである。

　また、日本「国民」の再定義も同様に必要となる。「国民」を日本国籍を持つ日本人と、外国籍を有する定住外国人の双方を日本社会における構成員としてとらえなおすことができる。この場合の「国民」は「国籍を持つ住民」ではなく、「国を構成する住民」と定義される。

　このように日本国籍保持者のみから構成されるという均質な国民（あるいは国家）概念を、より広義かつ包括的な意味を有する概念へと再構築することによって、基礎的な教育を受ける権利をより普遍化することが可能となる。「国民」の権利としての義務教育諸学校への就学は、多様な国籍を持つ社会構成員の権利として、日本国籍の有無を問わず平等な就学へのアクセスを保障することになる。

●第4部………

資料

参考資料

　本文中に引用されている資料の大部分は頁数の関係で割愛せざるをえないが、読者の参考のため、子どもの権利委員の一般的意見1号全文訳、社会権規約委員会一般的意見11号全文訳、社会権規約委員会一般的意見13号〈一部訳〉を付すので参考とされたい。

　なお、子どもの権利委員会の一般的意見の訳は本文翻訳者平野裕二氏の訳で、http://homepage2.nifty.com/childrights/ に収録されている。

　また、社会権規約委員会の一般的意見は青山学院大学教授申惠丰氏の訳で、http://www.nichibenren.or.jp/ja/humanrights_library/treaty/society_general-comment.html に収録されている。

　日弁連HP（→「国際人権ライブラリー」→「日本が批准した国際人権条約」→「条約機関の一般的意見」）で見ることができる。

【資料1】
子どもの権利委員会一般的意見1号（2001年）
第29条1項：教育の目的

子どもの権利委員会2001年1月25日（第26会期）採択
CRC/GC/2001/1（原文英語）
日本語訳：平野裕二

子どもの権利条約第29条1項
　締約国は、子どもの教育が次の目的で行われることに同意する。
　(a)　子どもの人格、才能ならびに精神的および身体的能力を最大限可能なまで発達させること。
　(b)　人権および基本的自由の尊重ならびに国際連合憲章に定める諸原則の尊重を発展させること。
　(c)　子どもの親、子ども自身の文化的アイデンティティ、言語および価値の尊重、子どもが居住している国および子どもの出身国の国民的価値の尊重、ならびに自己の文明と異なる文明の尊重を発展させること。

(d)　すべての諸人民間、民族的、国民的および宗教的集団ならびに先住民間の理解、平和、寛容、性の平等および友好の精神の下で、子どもが自由な社会において責任ある生活を送れるようにすること。
　(e)　自然環境の尊重を発展させること。

(a)　第29条１項の意義
　1．子どもの権利条約第29条１項は遠大な重要性を有する。そこに掲げられ、すべての締約国が同意した教育の目的は、条約の核である価値観、すなわちすべての子どもに固有の人間としての尊厳、および平等かつ不可譲の権利を促進し、支え、かつ保護するものである。第29条１項の各号に掲げられた5つの目的はすべて、子どもの人間としての尊厳および権利を、子どもが有する発達上の特別なニーズおよび発達しつつある多様な能力を考慮にいれながら実現することと、直接結びついている。その目的とは子どもが有する全面的可能性をホリスティックに発達させること（第29条１項(a)）であり、そこには人権の尊重の発達（第29条１項(b)）、アイデンティティおよび帰属の感覚の増進（第29条１項(c)）、社会化および他者との交流（第29条１項(d)）および環境との相互作用（第29条１項(e)）が含まれる。
　2．第29条１項は、第28条で認められた教育への権利に、子どもの権利および固有の尊厳を反映した質的側面を付け加えるだけにとどまらない。同時に、教育を、子ども中心の、子どもにやさしい、かつエンパワーにつながるようなものにしなければならないと力説しているのである。また、教育プロセスがそこで認められた原則そのものにもとづくものでなければならないことも、強調している[1]。すべての子どもがそれに対する権利を有している教育とは、子どもにライフスキルを与え、あらゆる範囲の人権を享受する子どもの能力を強化し、かつ適切な人権の価値観が浸透した文化を促進するような教育である。その目標は、子どものスキル、学習能力その他の能力、人間としての尊厳、自尊感情および自信を発達させることにより、子どもをエンパワーすることにある。このような文脈における「教育」とは、正規の学校教育の範囲をはるかに超えて、子どもが個別にであれ集団にであれその人格、才能および能力を発達させ、かつ社会のなかで全面的かつ満足のいく生活を送れるようにしてくれる、幅広い範囲の生活経験および学習過程を包含するものである。
　3．教育に対する子どもの権利は、アクセスの問題（第28条）のみならず内容の問題でもある。第29条１項の価値観にしっかりと根づいた内容をもつ教育は、グローバリゼーション、新たなテクノロジーおよび関連の諸現象に駆り立てられた根本的な変化の時代につきまとう課題に対し、その人生の過程でバランスのとれた、人権に馴染んだ対応を達成す

---

[1]　これとの関連で、委員会は、経済的、社会的および文化的権利に関する委員会の、教育への権利に関する一般的意見第13号（1999年）に留意する。これは、とくに、経済的、社会的および文化的権利に関する国際規約第13条１項に規定された教育への目的を扱ったものである。委員会はまた、「条約第44条１項(b)にもとづいて締約国が提出する定期報告書の形式および内容に関する一般指針」（CRC/C/58）112〜116項に対しても注意を促す。

る努力を行なううえですべての子どもにとって不可欠の手段である。そのような課題には、とりわけ、グローバルなものと国および地域に根づいたもの、個人と集団、伝統と近代、長期的考慮と短期的考慮、競争と機会均等、知識の拡大とそれを吸収する能力、霊的なものと物質的なものとのあいだの緊張が含まれる[2]。それでもなお、国および国際社会のレベルで真に期待できるプログラムや政策においても、第29条1項が体現する側面が大部分見失われており、あるいはたんに見せかけだけの付け足しとしてしか存在しないことが、あまりにも多すぎるようである。

　4．第29条1項の文言は、締約国は教育が広範な価値観を指向して行なわれることに同意するとなっている。この同意は、世界の多くの場所で築き上げられた宗教、民族および文化の境界を克服するものである。一見すると、第29条1項で表明された多様な価値観のなかには、一定の状況下ではおたがいに衝突すると思われるものがあるかもしれない。したがって、1項(d)にいうすべての諸人民間の理解、寛容および友好を促進しようとする努力は、1項(c)にしたがって子ども自身の文化的アイデンティティ、言語および価値、子どもが居住している国および子どもの出身国の国民的価値ならびに自己の文明と異なる文明の尊重を発展させることを目的とした政策と、かならずしも自動的に両立するわけではない可能性がある。しかし実際には、この規定の重要性の一端は、まさに、教育に対してバランスのとれたアプローチを、そして対話および違いの尊重を通じて多様な価値観をうまく調和させることができるアプローチをとる必要性を、この規定が認めたところにあるのである。さらに、歴史的に人民の集団を他の集団から引き離してきた多くの違いを乗り越えるうえで、子どもは他に比べるもののない役割を果たすことができる。

(b)　第29条1項の機能

　5．第29条1項は、教育が達成をめざすべきさまざまな目的をたんに目録または一覧にしたものではない。条約の全体的文脈のなかで、第29条1項はとくに以下の側面を強調する役割を果たしている。

　6．第1に、第29条1項は条約の規定が分かちがたく相互に関連していることを強調している。この規定は他のさまざまな規定を根拠とし、強化し、統合し、かつ補完しているのであって、他の規定と切り離して的確に理解することはできない。条約の一般原則、すなわち差別の禁止（第2条）、子どもの最善の利益（第3条）、生命、生存および発達への権利（第6条）および意見を表明しかつ考慮される権利（第12条）に加えて、その他の多くの規定を挙げることができる。親の権利および責任（第5条および第18条）、表現の自由（第13条）、思想の自由（第14条）、情報への権利（第17条）、障害をもった子どもの権利（第23条）、健康のための教育への権利（第24条）、教育への権利（第28条）、およびマイノリティ・グループに属する子どもの言語および文化に関わる権利（第30条）などであ

---

[2]　国際連合教育科学文化機関、Learning: The Treasure Within (Report of the International Commission on Education for the 21st Century) (1996) pp.16-18.

るが、これに限られない。

7．子どもの権利は文脈を欠いたままばらばらに、または孤立して存在する価値観ではなく、第29条1項および条約前文が部分的に描き出しているいっそう幅広い倫理的枠組みのなかに存在するものである。条約に関して行なわれてきた批判の多くに対して、この規定が具体的に答えを出している。したがって、本条はたとえば、親に対する尊敬の念、権利をいっそう幅広い倫理的、道徳的、霊的、文化的または社会的枠組みのなかでとらえる必要性、および、ほとんどの子どもの権利は外から押しつけられるどころか地域共同体の価値観のなかに埋めこまれている事実の重要性を強調しているのである。

8．第2に、本条は教育への権利が促進されるプロセスを重視している。したがって、その他の権利の享受を促進しようとする努力が教育プロセスのなかで伝えられる価値観によって阻害されてはならず、逆に強化されなければならない。これには、カリキュラムの内容だけではなく、教育プロセス、教育方法、および、家庭か学校かその他の場所かは問わず、教育が行なわれる環境が含まれる。子どもは校門をくぐることによって人権を失うわけではない。したがって、たとえば教育は子どもの固有の尊厳を尊重し、第12条1項にしたがって子どもの自由な意見表明や学校生活への参加を可能にするような方法で提供されなければならない。教育はまた、第28条2項に反映された規律の維持への厳格な制限を尊重する方法で提供され、かつ学校における非暴力を促進するような方法で提供されなければならない。委員会は、総括所見のなかで、体罰を使用することは子どもの固有の尊厳も学校の規律に対する厳格な制限も尊重しないことであるとくりかえし明らかにしてきた。第29条1項で認められた価値観を遵守するためには、学校が完全な意味で子どもにやさしいものとなり、かつあらゆる点で子どもの尊厳に一致していなければならないことは明らかである。学校生活への子どもの参加、学校共同体および生徒会の創設、ピアエデュケーションおよびピアカウンセリング、ならびに学校懲戒手続への子どもの関与が、権利の実現を学習および経験するプロセスの一環として促進されなければならない。

9．第3に、第28条が教育制度の確立および教育制度へのアクセスの確保に関わる締約国の義務に焦点を当てているいっぽうで、第29条1項が強調するのは、特定の質を備えた教育に対する独立した実体的権利である。子どもの最善の利益にのっとって行動することの重要性を条約が強調していることにしたがって、本条は子ども中心の教育というメッセージを強調している。すなわち、鍵となるのは、「すべての子どもは独自の特性、関心、能力および学習上のニーズを有している」[3]という認識に立った、個人としての子どもの人格、才能および能力の発達である。したがって、カリキュラムは子どもの社会的、文化的、環境的および経済的背景や子どもの現在のおよび将来のニーズに直接関連するものでなければならず、かつ、子どもの発達しつつある能力を全面的に考慮にいれたものでなければならない。教育方法はさまざまな子どものさまざまなニーズに合わせて調整され

---

[3]　国際連合教育科学文化機関「特別なニーズ教育に関するサラマンカ宣言および行動のための枠組み」（1994年）、宣言2項。

るべきである。教育はまた、必要不可欠なライフスキルをすべての子どもが学ぶこと、および、人生のなかで直面するであろう課題に向き合う用意が整わないまま学校を離れる子どもがひとりもいないようにすることを確保することも、目的としなければならない。基本的なスキルには、読み書きおよび計算の能力だけではなくライフスキルも含まれる。ライフスキルとは、充分にバランスのとれた決定を行ない、紛争を非暴力的に解決し、健全なライフスタイル、良好な社交関係および責任感を発達させる能力であり、批判的に考える方法であり、創造的な才能であり、かつ、人生の選択肢を追求するために必要な手段を子どもに与えるその他の能力などのことである。

　10．条約第2条に列挙されたいずれの事由にもとづく差別も、公然の差別であれ隠れた差別であれ、子どもの人間としての尊厳を傷つけるものであり、かつ教育上の機会から利益を受ける子どもの能力を阻害し、ひいては破壊さえする力を有している。子どもが教育上の機会にアクセスすることの否定は第一義的には条約第28条に関わる問題であるが、第29条1項に掲げられた原則を遵守しないことも、多くの形で同様の効果を発揮しうるのである。極端な例を挙げれば、ジェンダー差別は、ジェンダーの平等の原則に一致しないカリキュラムのような慣行によって、提供された教育上の機会から女子が得ることのできる利益を制限するような体制によって、および女子の参加を抑制するような危険なまたは不利な環境によって、強化されうる。障害をもった子どもに対する差別も、正規の教育制度の多くで、および家庭を含むインフォーマルな教育環境のきわめて多くで幅をきかせているものである[4]。HIV/エイズに感染した子どもも、どちらの環境においても重大な差別を受けている[5]。このような差別的慣行はすべて、教育は子どもの人格、才能ならびに精神的および身体的能力を最大限可能なまで発達させることを指向しなければならないという第29条1項の要件に、直接矛盾するものである。

　11．委員会はまた、第29条1項と、人種主義、人種差別、排外主義および関連の不寛容に対する闘いとのあいだにつながりがあることも強調したい。人種主義およびそれに関連する諸現象は、無知が、人種的、民族的、宗教的、文化的および言語的違いもしくはその他の形態の違いが、偏見の悪用が、または歪んだ価値観の教育もしくは宣伝が存在するところで盛んになる。このようなあらゆる失敗に対する、信頼のおけるかつ持続的な解毒剤は、違いに対する尊重を含む、第29条1項に反映された価値観の理解および正しい認識を促進し、かつ差別および偏見のあらゆる側面に異議を唱えるような教育を提供することである。したがって、教育は、人種主義およびそれに関連する現象の諸悪に反対するあらゆるキャンペーンにおいて最高の優先事項のひとつとされるべきである。人種主義が歴史的にどのように実践されてきたか、および、とくにそれが問題の地域社会でどのように現出しているか（または現出してきたか）について教えることの重要性も、重視され

---

[4]　経済的、社会的および文化的権利に関する委員会の、障害者に関する一般的意見第5号(1994年)参照。
[5]　「HIV・エイズが存在する世界で暮らす子ども」に関する一般的討議の日（1998年）ののちに子どもの権利委員会が採択した勧告(UN doc. A55/41 (2000), para.1536)参照。

なければならない。人種主義的な行動は「ほかのだれか」だけが携わっているものではない。したがって、人権および子どもの権利ならびに差別の禁止の原則について教えるさいは、子ども自身の地域社会に焦点を当てることが重要である。そのような教育は、人種主義、民族差別、排外主義および関連の不寛容の防止および根絶に効果的に寄与することができる。

12. 第4に、第29条1項は教育に対するホリスティックなアプローチを強調している。このようなアプローチは、利用可能とされる教育上の機会において、身体的、精神的、霊的および情緒的側面、知的、社会的および実際的側面ならびに子ども期と人生全体の側面のそれぞれを促進することのあいだで適切なバランスが反映されることを確保するものである。教育の全般的な目的は、自由な社会に全面的にかつ責任をもって参加するための子どもの能力および機会を最大限に増進することにある。知識を蓄積することに主たる焦点を当て、競争を煽り、かつ子どもへの過度な負担につながるようなタイプの教育は、子どもがその能力および才能の可能性を最大限にかつ調和のとれた形で発達させることを深刻に阻害する可能性があることが、強調されなければならない。教育は、個人としての子どもにきっかけおよび動機を与えるような、子どもにやさしいものであるべきである。学校は、人間的な雰囲気を醸成し、かつ子どもがその発達しつつある能力にしたがって成長できるようにすることが求められる。

13. 第5に、第29条1項は、条約に掲げられた一連の特定の倫理的価値観を統合的かつホリスティックに促進および強化するような方法で（平和、寛容、および自然環境の尊重のための教育を含む）、教育が立案および提供されなければならないことを強調している。そのためには学際的なアプローチが必要になるかもしれない。第29条1項の価値観を促進および強化するさいには、それがどこかよその問題のために必要であるというだけではなく、子ども自身の地域社会で生じている問題にも焦点を当てなければならない。この点に関する教育は家庭で行なわれるべきであるが、学校および地域社会が果たさなければならない役割も重要である。たとえば、自然環境の尊重を発展させるためには、教育は、環境および持続可能な発展の問題と社会経済的、社会文化的および人口動態的問題とを結びつけなければならない。同様に、子どもは自然環境の尊重を家庭、学校および地域社会で学ぶべきであり、そこでは国内の問題も国際的問題も包含されるべきであり、かつ地方、地域または地球規模の環境プロジェクトに子どもを積極的に関与させるべきである。

14. 第6に、第29条1項は、その他のあらゆる人権を促進しかつその不可分性を理解するうえで教育上の適切な機会が果たすべき、非常に重要な役割を反映したものである。自由な社会に全面的にかつ責任をもって参加する子どもの能力は、教育へのアクセスを真っ向から否定することによってのみならず、本条で認められた価値観の理解を促進しないことによっても損なわれ、または阻害されうる。

(c) 人権教育

15. 第29条1項は、1993年のウィーン世界人権会議が呼びかけ、かつ国際機関が促

進しているさまざまな人権教育プログラムの礎石ととらえることもできる。にも関わらず、このような活動の文脈において、子どもの権利はかならずしも本来必要とされるほど注目されてはこなかった。人権教育においては、人権条約の内容に関する情報が提供されるべきである。しかし子どもは、人権基準が家庭であれ学校であれ地域社会であれ実際に実施されるのを目にすることを通じても、人権について学ぶべきなのである。人権教育は包括的な、生涯に渡るプロセスであるべきであり、かつ、子どもの日常的な生活および経験における人権の価値観を振り返るところから開始されるべきである[6]。

16. 第29条1項に体現された価値観は、平和な地域で生活している子どもにも関連するものの、紛争または非常事態の状況下で生活している子どもにとってはさらにいっそう重要となる。「ダカール行動枠組み」が記しているように、「教育制度が紛争、天災および不安定の影響を受けている」文脈においては、教育プログラムが「相互理解、平和および寛容を促進し、かつ暴力および紛争を防止する一助となるような方法で」行なわれることが重要である[7]。国際人道法に関する教育は第29条1項を実施する努力の重要な一側面であるが、顧慮されないことがあまりにも多い。

(d) 実施、モニタリングおよび審査

17. 本条に反映された目的および価値観は非常に一般的に述べられており、その意味するところは潜在的にはきわめて広範である。多くの締約国は、このことにより、立法または行政命令に関連の原則が反映されることを確保するのは不必要である、ひいては不適切でさえあると考えているように思われる。このような考え方には正当な根拠がない。国内法または国内政策で正式かつ具体的に支持されることがなければ、関連の原則が真に教育政策に染みわたるような形で用いられる、または用いられるようになる可能性は低いように思われる。したがって委員会は、すべての締約国に対し、これらの原則をあらゆるレベルの教育政策および教育立法に正式に編入するために必要な措置をとるよう呼びかけるものである。

18. 第29条1項を効果的に促進するためには、そこに掲げられた教育のさまざまな目的を含めるためにカリキュラムを根本的に策定し直すこと、および、教科書その他の教材および教育技術ならびに学校方針を体系的に改訂することが求められる。深い部分での変化を奨励することなく、関連の目的および価値観を現行制度に覆いかぶせようとしかしないアプローチでは、明らかに不充分である。関連の価値観をいっそう幅広いカリキュラムに効果的に統合し、かつそうすることによってそのような幅広いカリキュラムに一致したものにすることは、その価値観を伝え、促進し、教え、かつできるかぎり具現することを期待されている人々自身がその重要性を確信することがなければ、望めない。したがって、第29条1項に反映された原則を促進するような事前研修および現職者研修の計画を、教

---

6 人権教育のための国連10年を布告した総会決議69/184(1994年12月23日採択)参照。
7 「万人のための教育——私たちの集団的誓約を果たすには」(UN Doc. ED-2000/CONF/211/1)。

員、教育管理者および子どもの教育に従事するその他の人々を対象として行なうことが不可欠となる。また、学校で用いられる教育方法が子どもの権利条約の精神および教育理念ならびに第29条1項に掲げられた教育の目的を反映したものであることも、重要である。

19. 加えて、学校環境そのものが、第29条1項(b)および(d)で求められている自由およびすべての諸人民間、民族的、国民的および宗教的集団間ならびに先住民間の理解、平和、寛容、性の平等および友好の精神を反映していなければならない。いじめまたはその他の暴力的および排他的な慣行を容認する学校は、第29条1項の要件を満たす学校ではない。「人権教育」という用語が、その意味するところをきわめて過剰に単純化する方法で用いられることがあまりにも多すぎる。必要なのは、正規の人権教育に加え、学校および大学のなかだけではなくいっそう幅広い地域社会のなかで、人権に資する価値観および政策を促進することなのである。

20. 一般的にいって、条約上の義務にしたがって締約国が行なうことを求められるさまざまなとりくみは、第42条の規定にしたがって条約本文そのものが広範に普及されることがなければ、充分な土台を欠くことになろう。そのような普及は、自分たちの日常生活のなかで子どもの権利を促進および擁護する者として行動する子どもの役割を促進することにもなるはずである。いっそう幅広い普及を促進するため、締約国はこの目的を達成するためにとった措置について報告するべきであり、人権高等弁務官事務所は、これまでに制作された各言語版の条約の包括的なデータベースを構築するべきである。

21. 広義のメディアも、第29条1項に反映された価値観および目的を促進するうえでも、この目的を促進しようとする他者の努力がメディアの活動によって阻害されないことを確保するうえでも、中心的な役割を有する。政府には、第17条(a)にしたがって、「マスメディアが、子どもにとって社会的および文化的利益が……〔ある〕情報および資料を普及することを奨励する」ためにあらゆる適切な措置をとる条約上の義務がある[8]。

22. 委員会は、動的なプロセスとしての教育に対し、かつ第29条1項に関わる長期的変化を測る手段を立案することに対し、いっそうの注意を向けるよう締約国に呼びかける。すべての子どもが質の高い教育を受ける権利を有しているということは、ひいては、学習環境の質、教育および学習のプロセスおよび教材の質、および学習の結果として生み出されるものの質に焦点を当てることが求められているということである。委員会は、どのような進展が見られたかを評価する機会を提供してくれるような調査が重要であることに留意する。そのような調査は、現在学校に行っている子どもまたは行っていない子ども、教員および青少年指導者、親ならびに教育管理者および教育監督者を含む、そのプロセスに関与するすべての関係者の意見を考慮した結果にもとづくものでなければならない。この点に関して、委員会は、子ども、親および教員が教育に関わる決定に意見を言えることを確保するよう努める、国レベルのモニタリングの役割を強調するものである。

---

[8] 委員会は、これとの関連で、「子どもとメディア」に関する一般的討議の日（1996年）から生まれた勧告を想起する。A/53/41 (1998), para.1396 参照。

23. 委員会は、締約国に対し、第29条1項に列挙された目的の実現を促進およびモニターする包括的な国内行動計画を策定するよう呼びかける。子どものための国内行動計画、国内人権行動計画または国内人権教育戦略といういっそう大きな流れのなかでそのような計画が作成されるのであれば、政府は、それでもそのような計画が第29条1項で扱われているすべての問題に対応すること、および子どもの権利の視点からそうすることを確保しなければならない。委員会は、教育政策および人権教育に関心をもつ国際連合その他の国際機関が、第29条1項の実施の効果を増進させられるように調整の改善に努めるよう促すものである。

24. 本条に反映された価値観を促進するプログラムの立案および実施は、さまざまなパターンの人権侵害が生ずるほとんどすべての状況に対して、政府が標準的に行なう対応の一環とされなければならない。したがって、たとえば、人種主義、人種差別、排外主義および関連の不寛容の大規模な事件が生じ、かつそこに18歳未満の者が関与していた場合、政府が、条約一般およびとくに第29条1項に反映された価値観を促進するためにやるべきことをすべてやっていなかったと推定するのは妥当である。したがって、第29条1項にもとづく適切な追加的措置がとられなければならない。そのような措置には、条約で認められた権利を達成するうえで積極的な効果を及ぼす可能性のあるあらゆる教育技法についての調査研究、およびそのような教育技法の採用が含まれる。

25. 締約国は、現行の政策または実践が第29条1項に一致していないという苦情申立てに対応する審査手続の設置も検討するべきである。そのような審査手続は、かならずしも法律上、行政上または教育上の新たな機関の創設をともなう必要はない。国内人権機関または既存の行政機関にそのような手続を委ねることも可能であろう。委員会は、各締約国に対し、本条について報告するさいに、条約と両立しないと主張される現行アプローチを見直す真の可能性が国および地方のレベルにどのぐらい存在しているか特定するよう要請する。そのような審査をどのように開始することができ、かつ報告対象期間にそのような審査手続が何件行なわれたかについても、情報を提供するべきである。

26. 第29条1項を扱っている締約国報告書の審査プロセスでいっそう焦点を明確にするため、かつ「報告には、……要因および障害……を記載する」ことを求めた第44条の要件にしたがって、委員会は、各締約国に対し、その定期報告書のなかで、本規定に反映された価値観を促進するためのいっそう協調のとれた努力が求められる、締約国の管轄内でもっとも重要な優先順位であると考えているものは何かを詳細に示し、かつ、特定された問題に対応するため以後5年間で行なうことを提案している活動プログラムの概要を述べるよう要請する。

27. 委員会は、条約第45条でその役割が強調されている国際連合機関およびその他の権限ある機関に対し、第29条1項に関わる委員会の活動にいっそう積極的かつ体系的に貢献するよう呼びかける。

28. 第29条1項の遵守を増進させるための包括的な国内行動計画の実施には、人的資源および財源が必要とされよう。そのような資源は、第4条にしたがって、最大限可能

な範囲で利用可能とされなければならない。したがって委員会は、資源の制約は、求められている措置を締約国がまったくまたは充分にとらないことを正当化する理由にはならないと考える。この文脈において、かつ国際協力を一般的にも（条約第4条および第45条）教育との関連でも（第28条3項）促進および奨励する締約国の義務に照らし、委員会は、開発協力を提供している締約国に対し、自国のプログラムが第29条1項に掲げられた原則を全面的に考慮する形で立案されることを確保するよう促すものである。

＊解説としては、平野裕二「国連・子どもの権利委員会、『教育の目的』についての初の一般的意見を採択」いんふぉめーしょん子どもの人権連72号（2001年2月）など参照。

【資料2】
社会権規約委員会 一般的意見11号（1999年）
初等教育のための活動計画
（経済的、社会的及び文化的権利に関する国際規約14条）

社会権規約委員会1999年5月10日（第20会期）採択
E/C.12/1999/4（原文英語）
日本語訳：申惠丰

1．経済的、社会的及び文化的権利に関する国際規約の第14条は、初等義務教育を確保するに至っていない各締約国に対し、すべての者に対する無償の初等義務教育の原則を、その計画中に定める合理的な期間内に漸進的に実施するための詳細な行動計画を2年以内に作成しかつ採用することを約束するよう要求している。第14条に従って負った義務にもかかわらず、多くの締約国は、無償の初等義務教育のための活動計画を起草も実施もしていない。

2．規約の第13条及び第14条、並びに、子どもの権利に関する条約や女性差別撤廃条約のような他のさまざまな国際条約に認められている、教育を受ける権利は、きわめて重要なものである。この権利は、経済的権利、社会的権利、また文化的権利としてさまざまに分類されてきた。教育を受ける権利は、これらのすべてである。また、それは、市民的及び政治的権利の十分かつ効果的な実現にとっても中心的な重要性をもつことから、いろいろな意味で、市民的権利かつ政治的権利でもある。この点で、教育を受ける権利は、すべての人権の不可分性及び相互依存性の縮図である。

3．第14条の明確ではっきりした義務に沿って、すべての締約国は、下記パラグラフ8に具体的に述べられている方向に合わせて作成された行動計画を委員会に提出する義務を負っている。

発展途上国においては、現在、学齢期にある1億3千万人の子どもが初等教育を受けることができないと推定されており、そのうち約3分の2は女児であるという事実に照らせ

ば (一般的には、ユニセフ『世界の子どもの状態1999』を見よ)、この義務は厳格に遵守される必要がある。委員会は、締約国にとって、多様な要因が、行動計画を提出する義務を履行することを困難にしていることを十分認識している。例えば、1970年代に始まった構造調整計画、続いて1980年代に起こった債務危機、また1990年代末の金融危機、その他の要因は、初等教育を受ける権利が否定される度合いを大きく悪化させてきた。しかし、こうした困難は、規約第14条に規定された通り、行動計画を採用し委員会に提出するという締約国の義務を免ずるものではない。

4．委員会の活動を通して、子どもたちに教育機会がないことにより、しばしば、子どもたちが他のさまざまな人権侵害をより受けやすくなることが示されていることから、14条に従って規約の締約国により準備される行動計画は、特別の重要性をもつものである。例えば、赤貧の中で生活し健康的な生活を送っていない子どもたちは、強制労働及びその他の形態の搾取を特に受けやすい。さらに、例えば、女児の初等教育就学のレベルと、子どもの婚姻を大幅に削減することとの間には、直接的な相互関係がある。

5．第14条は、締約国の報告書を審査してきた委員会の広範な経験に照らして、より詳細に述べられるべき多くの要素を含んでいる。

6．義務的。義務の要素は、父母も、保護者も、国家も、子どもが初等教育を受けるべきであるか否かについての決定を選択的なものとして扱う資格はないという事実を強調する役割をもつ。同様に、規約の第2条及び第3条でも要求されている、教育を受けることにおける性差別の禁止は、この義務という要件によって強調されている。しかし、提供される教育は、質の点で十分であり、子どもにとって適切であり、かつ、子どもの他の権利の実現を促進するものでなければならない。

7．無償。この要件の性格は明白である。この権利は、子ども、父母又は保護者に支払いを要求せずに初等教育が受けられることを確保するよう明示的に述べられている。政府、地方当局又は学校により課される料金、又はその他の直接的な費用は、この権利の享受を阻害するものとなり、権利の実現を害することがありうる。こうした費用はまた、非常に後退的な効果をもつことも多い。こうした費用をなくすことは、要求されている行動計画によってとり上げられるべき事柄である。(実際はそうでなくとも、自発的なものとされることがある) 父母への義務的な徴集金、又は、比較的に高価な学校の制服を着用する義務のような間接的な費用も、同じ種類のものに入りうる。その他の間接的な費用は、ケースバイケースで委員会の審査を受けることを条件として、許容されることもありうる。この初等義務教育の規定は、父母及び保護者が「公の機関によって設置される学校以外の学校を子どものために選択する」権利と何ら抵触するものではない。

8．詳細な計画の採用。締約国は、2年以内に、行動計画を採用するよう要求されている。これは、当該国に対して規約が発効して2年以内、又は、関連義務の不遵守につながったその後の状況の変化から2年以内を意味するものと解釈されなければならない。この義務は継続的なものであり、現在の状況に照らしてこの規定が関連をもつ締約国は、過去、2年の制限期間内に行動をとらなかったことの結果としてこの義務から免れるものではな

い。計画は、この権利の要件となる要素のそれぞれを確保するために必要な行動のすべてをカバーし、かつ、この権利の包括的な実現を確保できるよう十分に詳細なものでなければならない。計画の作成にあたって市民社会のすべての部門が参加することはきわめて重要であり、定期的に進捗を再検討し、説明責任を確保するための何らかの方法をとることが不可欠である。これらの要素がなければ、本条の意義は損なわれるであろう。

9. 義務。締約国は、必要な資源がないという理由で、行動計画を採用する明白な義務を免れることはできない。もしこの義務がこのようなかたちで免れうるならば、不十分な財政資源という特徴をもつ状況にほぼ例外なく適用される第14条の独自の要件を正当化する根拠はなくなるであろう。同様に、またこれと同じ理由で、規約の第2条1項にある「国際的な援助及び協力」、並びに第23条にある「国際的措置」への言及は、この状況において特に関連性をもつ。締約国が明らかに、詳細な計画を「作成しかつ採用する」ために必要な財政資源及び／又は専門知識を欠いている場合には、国際社会は、援助する明確な義務を有する。

10. 漸進的実施。行動計画は、第14条の下で、無償の初等義務教育を受ける権利の漸進的な実施を確保することを目的としたものでなければならない。しかし、第2条1項と異なり、第14条は、目標期日を「合理的な期間内に」と特定し、さらに、その時間枠は「その計画中に定め」られなければならないとしている。換言すれば、計画は、計画の漸進的実施の各段階について、目標とされる一連の実施期日を具体的に掲げなければならない。このことは、[漸進的実施という]この義務の重要性と、相対的な非弾力性との双方を強調するものである。さらに、この点で、無差別のような、締約国の他の義務が、十分かつ即時に実施される必要があることが強調されなければならない。

11. 委員会は、第14条が関連するすべての締約国に対し、その条件が十分に遵守され、また、結果としてできた行動計画が、規約の下で要求されている報告書の不可欠の一部分として委員会に提出されるよう求める。さらに、適切な場合には、委員会は締約国に、第14条の下での行動計画の準備及びその後の計画の実施の双方に関して、国際労働機関(ILO)、国連開発計画(UNDP)、国連教育科学文化機関(ユネスコ)、国連児童基金(ユニセフ)、国際通貨基金 (IMF)、世界銀行を含む関連国際機関の援助を求めるよう奨励する。委員会はまた、関連国際機関に対し、締約国が至急、最大限に自らの義務を履行するのを援助するよう求める。

【資料3】
社会権規約委員会一般的意見13号（1999年）
教育に対する権利（規約13条）

社会権規約委員会第21会期（1991年）採択

(E/C.12/1999/10) 原文英語

日本語訳：申惠丰

1．教育はそれ自体が人権であるとともに、他の人権を実現する不可欠な手段でもある。エンパワーメント〔訳注：個人の能力を向上させること〕の権利として、教育は、経済的・社会的に疎外された大人と子どもが貧困から脱し、地域社会に全面的に参加する手段を得るための主要な手段である。教育は、女性の能力を向上させ、搾取的で有害な労働や性的搾取から子どもを守り、人権と民主主義を促進し、環境を保護し、また人口増加を制御する上できわめて重要な役割を果たしている。教育は国がなしうる最良の財政的投資の一つであるという認識はますます高まりつつある。しかし、教育の重要性は、単に実用的なものにとどまらない。良い教育を受け、啓発され、自由にかつ広く広がることのできる活発な精神は、人間存在の喜びと報償の一つなのである。

2．経済的、社会的及び文化的権利に関する国際規約（ICESCR）は、第13条と14条の2つの条文を教育に対する権利にあてている。規約の中で最も長い規定である第13条は、国際人権法において、教育に対する権利に関する最も広範かつ包括的な条文である。委員会はすでに第14条に関する一般的意見第11（初等教育のための行動計画）を採択している。一般的意見第11とこの一般的意見は相互補完的なものであり、あわせて考慮されなければならない。委員会は、世界中の何百万もの人々にとって、教育に対する権利の享受が依然としてはるか遠い目標であることを承知している。それどころか、多くの場合にはこの目標はますます遠ざかりつつある。委員会はまた、多くの締約国において、第13条の全面的な実施を阻害する困難な構造的その他の障害があることも認識している。

3．締約国による規約の実施及び報告義務の履行を援助するため、この一般的意見では第13条の規範内容（第Ⅰ部、パラグラフ4～42）、そこから生ずるいくつかの義務（第Ⅱ部、パラグラフ43～57）、及び違反の例のいくつか（第Ⅲ部、パラグラフ58～59）に焦点を当てる。第Ⅲ部では、締約国以外の主体の義務についても簡単に述べる。この一般的意見は、長年にわたって締約国の報告書を検討してきた委員会の経験に基づくものである。

Ⅰ　第13条の規範内容

第13条1項：教育の目的

4．締約国は、公教育か私教育か、公式なものか非公式なものかを問わず、あらゆる教育は第13条1項にあげられた目的及び目標を指向することに同意している。委員会は、これらの教育目標は国際連合憲章第1条及び第2条に掲げられた国連の目的及び原則を反映していることに留意する。また、その大部分は、世界人権宣言第26条2項にも見出されるものである。

但し、第13条1項は3つの点で、宣言になかった要素を付け加えている。すなわち、教育は人格の「尊厳についての意識」を志向し、「すべての者に対し、自由な社会に効果的に参加すること」を可能にし、かつ、諸国民の間及び人種的又は宗教的集団のみならずすべての「民族的〔ethnic；公定訳では「種族的」〕」集団の間の理解を促進しなければな

らない。世界人権宣言第26条2項と規約第13条1項に共通の教育目標のうち、おそらく最も基本的なのは「教育は人格の完成を指向」するということであろう。

5．委員会は、国連総会が1966年に規約を採択して以来、教育が指向すべき目標が他の国際文書でさらに詳しく述べられてきたことに留意する。従って委員会は、締約国は、すべての者のための教育に関する世界宣言（タイ、ジョムティエン、1990年）（第1条）、子どもの権利に関する条約（第29条1項）、ウィーン宣言及び行動計画（第Ⅰ部、パラグラフ33及び第Ⅱ部、パラグラフ80）並びに人権教育のための国連行動計画（パラグラフ2）に照らして解釈されるようなかたちで、第13条1項にあげられた目的及び目標に教育が合致することを確保することを求められているという見解をとる。これらの条項はすべて規約第13条1項に密接に対応しているものの、性の平等や環境の尊重に関する具体的な言及のように、第13条1項では明示的に規定されていない要素も含んでいる。こうした新しい要素は、第13条1項に黙示的に含まれており、かつその現代的な解釈を反映したものである。

委員会は、上述の諸条項が他界のあらゆる地域から広範な支持を得ていることによって、このような見方が裏づけられると考える[9]。

第13条2項：教育を受ける権利——若干の一般的考察

6．この条項の厳密かつ適切な適用は、特定の締約国に存在している条件によるであろうが、教育はすべての形態及び段階において、以下の相互に関連するきわめて重要な特徴を示すものでなければならない[10]。

(a) 利用可能性。機能的な教育施設及びプログラムが、締約国の管轄内において十分な量だけ利用できなければならない。そのような施設及びプログラムが機能するために何が必要かは、それがどのような発展段階の中で運営されているかを含む多くの要素による。例えば、あらゆる施設及びプログラムは、建物その他の風雨からの保護となるもの、男女両方のための衛生施設、安全な飲み水、国内競争力のある給与を受けている訓練された教員、教材、などを必要とすると考えられる。中には、図書室，コンピューター設備及び情報技術のような施設を必要とするものもあろう。

(b) アクセス可能性。教育施設及びプログラムは、締約国の管轄内において、差別なく

---

[9] すべての者のための教育に関する世界宣言は、155カ国の政府代表によって採択された。子どもの権利に関する条約は191カ国の締約国が批准又は加入している。人権教育のための国連10年の行動計画は、国連総会で全会一致で採択された (49/184)。

[10] このアプローチは、十分な住居及び食料に対する権利に関して採択された委員会の分析枠組み、及び教育に対する権利に関する国連特別報告者の活動に対応するものである。委員会は一般的意見第4で、「利用可能性」「負担可能性〔affordability；資金的な居住可能性〕」「アクセス可能性」及び「文化的相当性」を含め、十分な住居についての権利に関する多くの要因を認定した。一般的意見第12では、「利用可能性」「受容可能性」及び「アクセス可能性」のような、十分な食料に対する権利の諸要素を認定した。教育についての権利に関する特別報告者は、国連人権委員会への予備報告書の中で、「初等学校が示さなければならない4つのきわめて重要な特徴、すなわち利用可能性、アクセス可能性、受容可能性及び適合可能性」を提示している (E/CN.4/1999/49,para.50)。

すべての者にアクセス可能でなければならない。アクセス可能性には、相互に重なり合う3つの側面がある。

　無差別：教育は、いかなる禁止事由による差別もなく（無差別に関するパラグラフ31～37を参照）、法律上も事実上も、すべての者にとって、特に、最も脆弱な集団にとってアクセス可能でなければならない。

　物理的なアクセス可能性：教育は、合理的な利便性のある場所（例えば近所の学校）への出席、又は現代技術を通して（例えば「遠隔学習」プログラムへのアクセス）のいずれかによって、物理的に無理のない範囲に存在しなければならない。

　経済的なアクセス可能性：教育は、すべての者にとって負担可能なものでなければならない。アクセス可能性のこの側面は、第13条2項において初等、中等、高等教育に関して用いられている異なった文言に従う。初等教育は「すべての者に対して無償」とされなければならないが、締約国は、無償の中等教育及び高等教育については漸進的導入を求められている。

　(c)　受容可能性。カリキュラム及び教育方法を含む教育の形式及び内容は、生徒にとって、また適切な場合には両親にとって、受け入れられる（例えば，関連性があり、文化的に適切であり、かつ良質な）ものでなければならない。これは、第13条1項で求められている教育目標及び、国が承認する教育上の最低限の基準（第13条3項及び4項を参照）に従う。

　(d)　適合可能性。教育は、変化する社会及び地域のニーズに適合し、かつ多様な社会的・文化的環境にある生徒のニーズに対応できるよう、柔軟なものでなければならない。

　7．これらの「相互に関連するきわめて重要な特徴」の適切な適用について考慮する際には、生徒の最善の利益が第一に考慮されなければならない。

第13条2項(a)：初等教育に対する権利

　8．初等教育には、すべての形態及び段階における教育に共通の利用可能性、アクセス可能性、受容可能性及び適合可能性の要素が含まれる[11]。

　9．委員会は、「初等教育」という文言の正しい解釈に関する指針を、すべての者のための教育に関する世界宣言から得るものである。同宣言は次のように述べる。「家庭外で子どもの基礎教育を提供する主な制度は初等学校である。初等教育は、すべての子どもを対象とし、すべての子どもの基礎的な学習ニーズが満たされることを確保し、かつ地域の文化、ニーズ及び機会を考慮に入れたものでなければならない」（第5条）。「基礎的な学習ニーズ」は同世界宣言第1条で定義されている[12]。

11　パラグラフ6を参照。
12　同宣言は「基本的な学習ニーズ」を次のように定義している。「人間が生存し、その能力を全面的に発達させ、尊厳をもって暮らしかつ働き、発展に全面的に参加し、その生活の質を向上させ、十分な情報を得た上で決定を行い、また学習を継続することができるために必要とされる必須の学習手段（識字、口頭表現、計算及び問題解決の能力など）並びに基本的な学習内容（知識、スキル、価値観及び態度など）」（第1条）。

初等教育は基礎教育と同義ではないものの、この2つは緊密に対応している。この点で委員会は、「初等教育は基礎教育の最も重要な構成要素である」[13]というユニセフの立場を支持するものである。

10. 第13条2項(a)で規定されているように、初等教育は、「義務的」であり「すべての者に対して無償」であるという2つの顕著な特徴をもつ。両文言に関する委員会の所見については、規約第14条に関する一般的意見第11のパラグラフ6及び7を参照。

第13条2項(b)：中等教育に対する権利

11. 中等教育には、すべての形態及び段階における教育に共通の利用可能性、アクセス可能性、受容可能性及び適合可能性の要素が含まれる[14]。

12. 中等教育の内容は締約国によりまた時代により様々であるが、そこには、基礎教育の修了と、生涯学習及び人間的発達のための基盤の強化が含まれる。それは生徒に、職業教育及び高等教育の機会に向けた準備をさせるものである[15]。

第13条2項(b)は「種々の形態の」中等教育に適用されるとされており、中等教育は異なった社会的及び文化的環境における生徒のニーズに対応するために柔軟なカリキュラム及び多様な提供システムを必要とすることが認められている。委員会は、普通の中等教育制度に並行した「代替的な」教育プログラムを奨励するものである。

13. 第13条2項(b)によれば、中等教育は「すべての適当な方法により、特に、無償教育の漸進的な導入により、一般的に利用可能であり、かつ、すべての者に対して機会が与えられる〔accessible；アクセス可能な〕もの」とされる。「一般的に利用可能」という表現は、第一に、中等教育は生徒の表面的な理解力又は能力によるものではないこと、第二に、中等教育はすべての者にとって平等に利用可能になるような方法で全国で提供されることを意味する。

「機会が与えられる」という言葉についての委員会の解釈については、上記のパラグラフ6を参照。「すべての適当な方法」という表現は、締約国が、異なった社会的及び文化的背景において中等教育を提供することにつき、多様かつ創造的なアプローチをとるべきであるという点を強調したものである。

14. 「無償教育の漸進的な導入」とは、国は無償の初等教育に優先順位をおかなければならないものの、無償の中等教育及び高等教育の達成に向けて具体的な措置をとる義務も負っていることを意味している。「無償の」という言葉の意味に関する委員会の所見については、第14条に関する一般的意見第11のパラグラフ7を参照。

(以下省略)

13　Advocacy Kit, Basic Education 1999 (UNICEF), section 1, p. 1.
14　パラグラフ6を参照。
15　国際標準教育分類1997年版 (International Standard Classification of Education 1997) (ユネスコ)、para. 52参照。

あとがき

　国際人権法政策研究所では、教育基本法改正問題に関連して、子どもの教育への権利に関する研究を最優先課題として取り組んできた。

　その研究過程で、最新の英文原書で、きわめて重要な研究書を入手することができた。本編に訳出されたこの原書は、高度の学術書である。仮に英文を読むのに支障がないと考える読者にとっても、原書購入をためらうのではないかと思われるほど高価格である。インターネットを通じて、アマゾンのウェブサイトで検索すると、日本円では「11,838円（税込）」で購入できるとされている（http://www.amazon.co.jp/から検索可能。2007年8月3日閲覧）。

　研究所では、これを翻訳し出版することが、研究にも、すべての子どもの教育への権利を推進する運動にも有益であると判断し、当面内部的な研究のために、翻訳専門家である平野裕二氏に翻訳を依頼した。

　同氏の翻訳をもとに、研究所役員が4回にわたって研究発表し、研究会を重ねた。研究発表を担当したのは、本岡昭次所長、永野貫太郎副所長、戸塚悦朗事務局長および関本克良事務局次長の4名である。

　その過程で、同書は世界的にもほかに類書がない先端的な学術書であり、教育についての権利に関心が高まっている現在、日本の関係者の多くが日本語で参照したいと考えるはずの書物であり、出版の必要性が高いことで意見の一致をみた。

　そこで、国際人権法政策研究所の編集で同書を出版することとし、現代人文社に要請して原書出版社と日本語訳書出版に関する交渉を進めていただくことになった。幸い交渉が成功したので、日本語で参照していただくことが可能になったのである。

　同研究所の3年間の研究のまとめにあたって、日本語の出版を実現して、広く同書を頒布できるようになったことを、編集実務担当者としてうれしく思う次第である。

　本書の出版は、国際人権法分野の翻訳家として多くの業績を上げ、多忙ななか、難解な原書に熱心に取り組み、すぐれた翻訳を完成していただいた平野

裕二氏、翻訳権取得から出版までを着実にこなして公益的な見地から出版を決断し、実現してくださった現代人文社成澤壽信社長のご尽力がなければ実現しなかった。お二人のご協力に心から感謝申し上げる次第です。

2007年8月5日ジュネーブにて
国際人権法政策研究所事務局長　戸塚悦朗

訳者・執筆者一覧

平野裕二（ひらの・ゆうじ）　ARC（Action for the Rights of Children）代表

本岡昭次（もとおか・しょうじ）　国際人権法政策研究所所長・元参議院副議長
本書第3部第4章執筆

戸塚悦朗（とつか・えつろう）　国際人権法政策研究所事務局長・博士（国際関係学）・
龍谷大学法科大学院教授
本書第2部第1章1・4、同第2章、第3部第1章、同第3章執筆

関本克良（せきもと・かつよし）　国際人権法政策研究所事務局次長・博士（学術）・
天理大学非常勤講師
本書第2部第1章2・3、第3部第2章執筆

永野貫太郎（ながの・かんたろう）　弁護士

註釈・子どもの権利条約28条：教育についての権利

2007年11月10日　第1版第1刷

著　者	ミーク・ベルハイド
日本語訳	平野裕二
日本語版編者	国際人権法政策研究所
発行人	成澤壽信
発行所	株式会社現代人文社
	〒160-0004　東京都新宿区四谷2-10　八ッ橋ビル7階
	振替　00130-3-52366
	電話　03-5379-0307（代表）　FAX　03-5379-5388
	E-Mail　hensyu@genjin.jp（代表）　　　hanbai@genjin.jp（販売）
	Web　http://www.genjin.jp
発売所	株式会社大学図書
印刷所	株式会社シナノ

検印省略　PRINTED IN JAPAN
ISBN978-4-87798-353-6　C2032
©2007　国際人権法政策研究所

本書の一部あるいは全部を無断で複写・転載・転訳載などをすること、または磁気媒体等に入力することは、法律で認められた場合を除き、著作者および出版者の権利の侵害となりますので、これらの行為をする場合には、あらかじめ小社また編集者宛に承諾を求めてください。